柳生好之の

The Rules 現代文 問題集 1 入試基礎

別冊 問題編

旺文社

大学入試

柳生好之の The Rules 現代文 問題集 1 入試基礎

別冊 問題編

問題編 目次

Lesson

Lesson 1

「承認欲求」の話

「認められたい」「ほめられたい」という思いは誰でも持っています。でも、その欲求が強すぎてSNSなどで行き過ぎた投稿をしてしまう人を「承認欲求おばけ」なんて言ったりもしますね。実はこの「承認欲求」は現代社会特有の欲求というわけではないのです。なぜ人は「認められたい」「ほめられたい」と思ってしまうのでしょうか。自分にも関わることとして読んでいくと、現代文がより身近なものになってきます。

目標：空所補充問題の解法をマスターする

文章：短い（約1400字）
出典：山竹伸二『「認められたい」の正体　承認不安の時代』
出題校：国士舘大学（改）

Lesson 1

試験本番での目標時間 20分
この本での目標時間 25分

▼解答・解説 本冊 8ページ

次の文章を読んで、後の設問に答えなさい。

現代は承認への欲望が増幅した時代、というより承認されないことへの不安に満ちた時代である。人々は他者から批判されることを極度に怖れるあまり、自然な感情や欲望を必要以上に抑制し、周囲への同調と過剰な配慮で疲弊している。

承認への欲望が現代社会に特有のものであり、かつて人間の承認欲望はそれほど強くはなかった、というわけではない。人間が文化を築きはじめたその黎明《れいめい》期から、承認欲望は人間が行為を決定する際の重要な動機となり、個人や社会の運命を大きく動かしてきた。ヘーゲル*やコジェーヴ*、ラカン*が指摘しているように、人間の欲望は他者の欲望であり、誰かに認められたいという欲望である。それが最も人間的な欲望であることには、時代を超えた普遍性がある。

（中略）

だが現代社会においては、自尊心を守り、自己の存在価値を信じるために必要な他者の承認が、なかなか簡単には得られない。そのため、かつてないほど他者の承認が渇望され、承認への不安に起因する苦悩、精神疾患が蔓延《まんえん》している。それは近代以降、社会共通の価値観への信頼が徐々に失われていったことと深い関係にある。

哲学者のチャールズ・テイラーは、「近代になって生じたのは承認のニードではなく、承認を求めても手に入れられないことがありうるという状況の方なのです」(『〈ほんもの〉という倫理』一九九一年、田中智彦訳、産業図書、二〇〇四年)と述べている。

近代以前は(社会共通の)伝統的な価値観のなかで個人の役割は固定されていたため、アイデンティティや承認は最初から A 。だが近代になると、自分らしいあり方が追求され、他者の承認を介してアイデンティティを形成するようになったため、そこに承認の不安が生じてきた、というわけである。

なるほど、社会に共通した価値観が浸透し、個人の役割も固定されている場合、そこに生きる人々はその価値観に照らして自らの行為の価値を測り、その役割にアイデンティティを見出している。 B では、その価値観に準じた行為は周囲から承認され、異を唱えられることはない。したがって、そのような行為において他者の承認を強く意識する必要はなかった、と考えられる。

たとえば、キリスト教の価値観が浸透した社会なら、神を信仰する敬虔《けいけん》な態度は周囲から承認されるはずだが、当人は周囲の承認など気にせず、その価値観を信じ込んでいるだけだろう。 C 、そこに承認不安は生じない。

しかし、社会共通の価値観が存在しなければ、人間は他者の承認を意識せざるを得なくなる。誰でも自分の信じていた価値観や信念、信仰がゆらげば、自分の行為は正しいのか否か、近くにいる人に聞いてみたくなるものだ。自己価値を測る規準が見えなくなり、他者の承認によって価値の有無を確認しようとする。こうして、[D]、他者から直接承認を得たいという欲望が強くなる。

現代社会はまさにこのような時代である。宗教的信仰は大きくゆらぎ、政治的イデオロギーへの信頼も失墜し、文化的慣習も流動的になっている。社会に共通する価値規準は崩壊し、価値観は[E]しているため、自己価値を測る価値規準が見出せない。一方で、自分らしく生きるべきだ、という考え方も広まっているが、なかなか「自分はこれでいい」と思えない。そのため、[F]すがるよりほかに術《すべ》がないのだ。

現在、身近な他者の承認が強く求められるようになり、承認不安による「空虚な承認ゲーム」が蔓延《まんえん》している背景には、こうした社会状況の変化がある。

（山竹伸二『「認められたい」の正体　承認不安の時代』より一部改変）

（注）＊ヘーゲル……ゲオルク・ヴィルヘルム・フリードリヒ・ヘーゲル。ドイツの哲学者。
＊コジェーブ……アレクサンドル・コジェーブ。フランスの哲学者。
＊ラカン……ジャック・ラカン。フランスの精神分析学者。

問1 空欄 **A** に入る最もふさわしいものを次の中から一つ選びなさい。

① 怖れられ、失われていた
② 排除され、満たされていなかった
③ 普遍化され、要請されていた
④ 自明視され、問題化されていなかった
⑤ 個別化され、社会化されていなかった

問2 空欄 **B** に入る最もふさわしいものを次の中から一つ選びなさい。

① 多くの人間が同じ価値観を信じている社会
② 多くの価値観が同じ人間のなかにある社会
③ 限られた人間が多くの価値観を信じている社会
④ 限られた社会が同じ人間だけを承認する価値観
⑤ 多くの人間が多様な社会を信じている価値観

問3 空欄 C に入る最もふさわしいものを次の中から一つ選びなさい。

① いかに苦しい生活を強いられていても
② 宗教的信仰がゆらいだならば
③ 平和を望む他者に囲まれているため
④ 多彩な価値観が根底にあるため
⑤ 先進的な思考パターンのなかにいるため

問4 空欄 D に入る最もふさわしいものを次の中から一つ選びなさい。

① 当初は承認されていなかった欲望が急激に増幅し
② はじめは存在しなかった承認欲望が徐々に消滅し
③ もともと根底にあった承認欲望が前面に露呈し
④ 一度は消滅した承認が他者を介して再度あらわれ
⑤ 何度も消えかかった既存の価値観が再び作用する形で

問5 空欄 E に入る最もふさわしいものを次の中から一つ選びなさい。

① 単純化　② 多様化　③ 社会化　④ 固定化　⑤ 普遍化

問6 空欄 F に入る最もふさわしいものを次の中から一つ選びなさい。

① 固定化した個人の役割に
② 結局は中世の宗教的信仰に
③ あらゆる社会に共通して存在する伝統的な価値観に
④ 身近にいる他者の直接的な承認に
⑤ 他者を介さない本当の自分らしさに

Lesson 2

「ブランド」の話

「ブランド」には色々なものがありますね。たとえば、iPhoneで有名なAppleなど身近なものでも「他とは違う」独特の価値を感じさせるものがあります。でも、「ブランド」ものは他のものと何が違うのでしょうか？　一体何が「ブランド」の価値を作っているのでしょうか？　この辺りに興味を持ちながら読んでみましょう。

目標：内容真偽問題の解法をマスターする

文章：標準（約2400字）
出典：殿村美樹『ブームをつくる　人がみずから動く仕組み』
出題校：札幌大学（改）

Lesson 2

次の文章を読んで、後の設問に答えなさい。

試験本番での目標時間 20分

この本での目標時間 25分

▼解答・解説 本冊24ページ

ブランドという言葉が一般に日本で使われるようになったのは、ルイ・ヴィトンやエルメスなどヨーロッパで古くから貴族を相手に商売をおこなってきて、次第にブルジョアから一般市民層にまで顧客を拡大してきた老舗メーカーが日本に進出してきた一九七〇年代後半からでしょう。エルメスが日本に初の直営店をオープンしたのは一九七八年、ルイ・ヴィトンの日本進出も同年です。いっぽう、一九九〇年代のインターネットの黎明《れいめい》期には「ノン・ブランドこそが時代の最先端」ということが盛んに言われ、また信じられてもいました。これは、人々がマスメディアの情報を信じられなくなり「インターネット上で、みんなが賛同しているものこそが本当にいいものだ」と考えていた状況です。

では、現代の日本で求められる「ブランド」とは、どのようなものでしょう。

「物語消費」という言葉をご存知でしょうか？

これは、批評家の大塚英志さんが『物語消費論』という本のなかで「シルバニアファミリー」「ビックリマンチョコ」などの例を挙げながら（いずれもストーリー性を重視したＰＲ展開をしていました）、一九八〇年代以降に見られる消費形態を考察して名づけたものです。消費者は、商品自体を消費するのではなく、商品を通じ、それがつくられた背景や設定、世界観というものを消費しているという考え方です。テレビのＣＭでドラマ仕立ての冒頭部分だけを放映し「続きはウェブで」と自社のホームページに誘導する広告手法も、この「物語消費」のひとつの表れと言えるでしょう。

私は、東日本大震災以降の日本では、さらに「物語消費」の傾向が強まっていると考えています。

そのひとつとして、「動画ＰＲブーム」があります。動画を使ったＰＲは、東日本大震災以降、爆発的に普及しました。二〇一一年、東日本大震災から半年後にうどん県の動画が注目されたのもそのひとつですが、その後、一気に動画ＰＲブームが巻き起こったのです。

これは東日本大震災からの復興を祈るメッセージを、国内外の著名人がインターネット動画で表現したことが影響していると私は考えています。強いショックを癒《いや》すには、写真や言葉では物足りなかったのでしょう。動画という物語で表すことが、東日本大震災に傷ついた日本社会に受け入れられたのです。

二〇一四年には「アイス・バケツ・チャレンジ」という運動がアメリカで始まり、日本でも一気に拡大しました。これは、筋萎《い》縮《しゅく》性側索硬化症（ＡＬＳ）の研究を支援するため、バケツに入った氷水を頭からかぶるか、ＡＬＳ協会に寄付をするかというもので、著名人が多く参加し、フェイスブックなどのソーシャルメディアや動画共有サイトのユーチューブなどを通して社会現象化しました。 A ありましたが、ALSという病気への理解を得るという点では、非常に成功したPRと言えます。

また、動画PRブームは、それまで想像すらできなかった分野にも拡がっていきました。二〇一三年にはAKB48のヒット曲「恋するフォーチュンクッキー」に合わせて踊る「恋チュン動画」が「〝恋チュン〟踊れば、嫌なことも忘れられる」というキャッチコピーのもとで大ブレイクし、ファンだけでなく学校も企業も、自治体や知事や市長までもが恋チュンを踊って動画投稿することが当たり前になりました。これも、「聴く」側を、「歌う」側、「 B 」側にさせることで、より宣伝効果を高めるもので、大変成功したPR例でしょう。

動画は、その商品の背景や世界観という物語を明確に伝えることができます。物語消費に頼った傾向については、PRの効果という視点から離れてア倫理的に考えた場合、是非が分かれます。「人間の好奇心につけ込み、消費を促すあくどい方法」と捉える方もいると思います。しかし、PRの効果だけを考えるなら、この消費者の傾向を無視できないのが現実です。そして、私は、人々が求めるストーリーとは「その商品がどのようにつくられたか」といった背景や理念を表現する企業からのメッセージだと考えています。もちろん、販売側が勝手にデッチ上げたストーリーであってはなりません。そもそも、ウソのストーリーは情報慣れした現代の日本人にはすぐに見破られてしまいます。

現在、求められるブランドとは何か。それは「信頼に値するもの」と同義でしょう。では、インターネットの情報も信頼が揺らいだ現状で、人々はどこに価値を見出すのでしょうか？　それは本物の、心に響くストーリーです。そして、それはマスメディアにもインターネットにもつくることができないもの。本物のストーリーは、歴史や風土といった「（　**イ**　）」があってはじめて醸成されるものなのです。

たとえば、全国区のマスメディアや都市部に生活する人たちからは注目されることの少ない地方にも当然、独自の歴史や風土があります。また、目立たない商品をつくり続ける中小・零細企業にも、地道にコツコツと仕事を続けているなら、そこには必ずストーリーが隠されています。私たちＰＲの専門家が本当になすべき仕事は、まったく新しい価値を［ **C** ］することではなく、すでに存在している価値を見出して新しい価値に変換することです。

そして、いまの社会でブランドとして価値をもつためには「信頼」のほかに、もうひとつ重要な条件が求められます。それは「（　**ウ**　）」です。たとえば、大手メーカーが展開するテレビＣＭを例にすると、二〇〇〇年代ごろまでは商品の性能や品質をアピールするものが主流でした。しかし、いまの消費者にとって性能や品質は「よくて当たり前」なのです。つまり、それだけではブランドとして認めてもらえない。そこで、最近のテレビＣＭの傾向として「その商品がどうやって生まれたのか？」というストーリーを語るものが増えてきました。ストーリーには歴史や風土などの背景が必要なことはすでに述べましたが、情報の受け手を共感させてこそ、ブランドの条件「心に響くストーリー」が生まれるのです。

（殿村美樹『ブームをつくる　人がみずから動く仕組み』より）

問1 波線部**ア**を参照し、空欄部**A**に入る適切な語句（漢字四字）を考えて答えなさい。

問2 空欄部**B**に入る語句を本文から抜き出しなさい。

問3 括弧**イ**・**ウ**に入る漢字二字を本文から抜き出しなさい。

問4 空欄部**C**に入る適切な漢字二字を次の中から一つ選びなさい。

① 精製　② 創造　③ 製造　④ 想像　⑤ 制作

問5　次のa～eについて正しければ○、間違っていれば×を答えなさい。

a　動画PRブームは東日本大震災以降、爆発的に普及した。写真や言葉で言い尽くすことができないメッセージを動画という物語で表現したと考えられる。

b　現在、ブランドの価値の一つはマスメディアやインターネットにも作ることのできない本物のストーリーにある「信頼」である。

c　一九九〇年代、インターネット上で皆が賛同しているノン・ブランドが時代の最先端であるとマスメディアは報じていた。

d　大手メーカーのテレビCMでは、二〇〇〇年代頃まで商品そのものをアピールし、消費者にブランドとして認めてもらう傾向があった。

e　「シルバニアファミリー」の世界観を明確に伝えるため企業は動画を作成する。このような消費形態を「物語消費」という。

Lesson 3

「知らないもの」の話

勉強をしていると「まだ知らないことがこんなにあったのか」と驚くことが多いと思います。特に大学で勉強すると「知っていること」が増えるのはもちろんですが、「知らないこと」の方が増えると言ってもいいでしょう。そのような「未知のもの」について考えるということは、人類が発展する上で欠かせないことなのです。大学で学ぶことの意義を少しでも感じてもらえると嬉《うれ》しいです。

目標：傍線部内容説明問題の解法をマスターする

文章：短い（約1700字）
出典：野矢茂樹『語りえぬものを語る』
出題校：東京経済大学

Lesson 3

試験本番での目標時間 20 分

この本での目標時間 25 分

▼解答・解説 本冊40ページ

次の文章を読んで、後の設問に答えなさい。

ときにこんな台詞を耳にすることがある。「まだ地球には人類の知らない謎がたくさんある。」なるほどそうだろう。しかし、どうして「未知」があると分かるのだろう。例えば「まだ人類に知られていない昆虫はたくさんいる」と言われる。冷静に考えるとこの発言はナンセンスである。未知の昆虫は未知なのであるから、たくさんいるかどうかも未知であるに違いない。例えば「未知の鳥類があと二三〇種存在していることが知られている」と書けば、そのナンセンスは明らかだろう。こうした未知もまた、現在形でその存在を断言することはできず、［イ］に到達して初めて、これまでの未知を「未知であった」と過去形で語れるのである。

しかし、すべての未知がそうではない。現在形で語れる未知もある。例えば、現在北海道全域に何頭のヒグマがいるのか、われわれはその正確な数を知らない。ここにはまちがいなくわれわれの知らないことがある。そしてその未知を現在形で語ることができる。あるいは邪馬台国がどこにあったのか、われわれはまだ知らない。こうした未知は「われわれは……を知らない」と現在形で語れるのである。

では、現在形で語れる未知と現在形では語れない未知の違いはどこにあるのだろうか。それは、ひとことで言えば、それを知ることによって論理空間が拡大するかどうかの違いである。(a)未知の概念を知ることは論理空間を拡大させる。それゆえ未知の概念の存在を、いまの論理空間のもとで語り出すことはできない。新種の昆虫を発見するということも、つまりは新たな概念がそこで形成されるということにほかならない。例えば、「カカトアルキ」という和名がつけられたナナフシにも似た昆虫は二〇〇二年に新種として認定されたものであるが、それによってわれわれの論理空間には「カカトアルキ」なる概念が新たに加わったのである。

他方、北海道全域にヒグマがいるということはわれわれの論理空間に含まれている。そして、ヒグマがいるからには、それは現在においてある確定した頭数であらねばならない。ただ、その実際の数値を、われわれは知らないのである。そこで、がんばって調査をして現在の頭数を正確に知りえたとしても、それによって論理空間が拡大されることはない。邪馬台国の場所についても同様である。邪馬台国があったということはわれわれの論理空間に含まれている。そしてあったからには日本のどこかにあったに違いない。将来研究が進んでその場所が特定できたとしても、それによって論理空間が拡大されるわけではない。このような場合には、その未知は［ロ］。

さて、そのように見ると、現在形で語ることのできない未知は、新たな概念を知るという場合だけではないことになる。論理空間を構成する礎石は、概念と個体であった。だとすれば、新たな個体を知ることも、論理空間を拡大する。それゆえ、(b)未知の個体の存在もまた、現在形では語れないのである。とはいえ、これは多少われわれの実感に合わないところがあるかもしれない。例えば、「海にはまだわれわれが出会ったことのないクジラがいる」と主張したとする。これは新種のクジラがいるという意味ではない。われわれが出会ったことのないクジラ個体がいるというのである。そして、われわれはこの主張をあたりまえのことと感じるだろう。だが、(c)ここまでの議論に即して潔癖に考えるならば、これもまたナンセンスなのである。出会ったことのないクジラ個体がいるということがどうして分かるのか。出会ったことがないのに。それゆえ、われわれに言えるのは「出会ったことがないクジラがいるだろう」という推量であり、そしてまた「いままで出会ったことのないクジラに出会った」という過去形の主張でしかない。

そこで、概念と個体の存在についての未知を、いささか仰々しいが「存在論的未知」と呼ぶことにしたい。現在形で語ることのできない未知は、論理空間の拡大に関わる未知である。そして論理空間の拡大は新たな概念と個体を知ることによってもたらされる。すなわち、現在形で語ることのできない未知とは、存在論的未知のことにほかならない。

（野矢茂樹『語りえぬものを語る』より）

問1 空所**イ**に入る語として最も適切なものを、次の①～⑤の中から一つ選びなさい。

① 無知　② 感知　③ 告知　④ 既知　⑤ 不知

問2 波線部（a）とは具体的にどのようなことか。最も適切なものを、次の①～⑤の中から一つ選びなさい。

① 論理空間における新たな概念で、新種の昆虫「カカトアルキ」を発見した。
② 新種の昆虫「カカトアルキ」によって、ナナフシが形成する論理空間が確定した。
③ 新たな概念が正しかったことが、新種の昆虫「カカトアルキ」の発見によって証明された。
④ ナナフシに似た昆虫が新種として認定され、「カカトアルキ」の新種に認定された。
⑤ 新種の昆虫「カカトアルキ」が発見されたことで、論理空間に新たな概念が追加された。

問3　空所**ロ**に入る最も適切なものを、次の①～⑤の中から一つ選びなさい。

① 論理空間の内部で語り出すことができることになる
② 今後さらに外部へと拡大していく論理空間となる
③ 論理空間が特定の場所へと縮小していくことになる
④ 新たな概念を論理空間において語ることができる
⑤ 新たな論理空間の形成を証明することになる

問4　波線部（**b**）の具体例として最も適切なものを、次の①～⑤の中から一つ選びなさい。

① 日本では見たことのない大きさのクジラ個体がいること。
② 邪馬台国の所在地が研究者により諸説あること。
③ 北海道にいるヒグマの個体数が不明であること。
④ いつ誕生したのかわからない鳥類個体がいること。
⑤ 人類がこれまで出会ったことのない昆虫個体がいること。

問5 波線部（c）とはどのようなことか。最も適切なものを、次の①〜⑤の中から一つ選びなさい。

① 未知の概念を知ることについて、未知の個体を基盤にして不正をせずに考える。
② 新たな概念と新たな個体とのこれまでの関係性について、不潔なものを避けて考える。
③ 新たな個体に関する実際の数値や場所を特定する調査方法の可能性について、慎重に考える。
④ 新たな個体と現在形で語れる未知との共通点について、品行にまで注意を払って考える。
⑤ 現在形で語れる未知と語れない未知とのこれまでの相違点について、厳密に比較して考える。

問6 本文の内容として最も適切なものを、次の①〜⑤の中から一つ選びなさい。

① 現在の北海道全域のヒグマの存在は、現在形の表現によって語れない存在論的未知となる。
② 存在論的未知を現在形で語るのではなく、論理空間を拡大させるためにその特性を理解する。
③ 過去形の表現を用いた主張は、新たな概念と個体を受け入れる条件がそろっている。
④ 概念と個体の存在についての未知は、存在論的未知と呼ばれ、論理空間の拡大に関わる。
⑤ 現在形によって語ることのできない表現は、論理空間を拡大させるナンセンスなものである。

Lesson 4

「中景」の話

景観には、遠景、中景、近景の三つがあって、中景が一番美しいというお話です。近すぎても遠すぎても、良さがわからなくなってしまうのですね。これは景色に限った話ではなく、人物を見るときにも当てはまります。大事な人の嫌な部分が目につくようになったとき、少し距離をとってみると良い部分が見えるようになるかもしれません。

目標：記述問題の解法をマスターする
キーワード説明問題の解法をマスターする

文章：標準（約2600字）
出典：外山滋比古『伝達の整理学』
出題校：昭和女子大学（改）

Lesson 4

試験本番での目標時間 20分

この本での目標時間 25分

▼解答・解説 本冊56ページ

次の文章を読んで、後の設問に答えなさい。なお、*印の付いた語などについては、注を参照しなさい。

先年、日本政府は富士山が世界文化遺産に登録されることを希望した。ユネスコの判定は不可だった。なぜかというと、日本側が三保の松原をふくんだ富士山を登録してほしいと申請したのに、三保の松原は何十キロもはなれている。富士山の一部とは認められない、という理由だった。

それに対して古来、富士山は三保の松原からの眺めがとくにすぐれていると考えられてきて、富士山と無縁ではないということで再度、判定を仰いだ。

それに対してユネスコが賛成し、三保の松原をふくめた富士山を世界遺産と認定したのである。デリケートな問題に柔軟な判断を下したのは、さすがである。

近景の富士でなく、中景の富士を認めたのは見識であった。文化についての理解の深さを思わせる。

一般に景観を愛《め》でるに当たっては近景が考えられている。小風景では妥当でも、大きな対象では適当でないことがすくなくないが、一般の認めるところとなっていない。

富士山は近くで見るのではなく、はなれて眺めたとき、本当の美しさがわかる。そのことを日本人はともすれば忘れがちであるが、正しくない。

景観には、遠景、中景、近景の三つがあって、巨大な自然は、すこしはなれたところから見たときにもっとも美しい。

そういうことを、学問のなかった昔の人は、しっかり、とらえていたらしい。

遠くより眺むればこそ白妙の
富士も富士なり筑波嶺もまた

という古歌は、中景の美をたたえているのである。ユネスコの役人もその心を解したということができる。〝遠くより〟というのは、ここで中景と言っているもので、遠景のことではない。大きな景観は、中景がいいのである。

近すぎては、本当のよさがわからない。①そういうことは風景に限ったことではない。ひろく、音もなくはたらいている原理であると言ってよい。

従僕に英雄なし

という。世人が評価する人物も、側近のものには、そのよさが見えないから、尊敬することを知らない。近すぎるのである。

従者でなくとも、近くにいる人たちは、すぐれた人物をすぐれていると認めることが難しい。欠点ばかり洗い出して、いい気になっている。誤解されてこの世を去る人は、古来どれくらいあるかわからない。

目の前の山は高くても、山麓にいるものには、見えない。目につくのは、石ころばかり、ロクに花も見られない。あちこち見にくい赤土が顔をのぞかせている。とても尊敬する気にはなれない。英雄は英雄になることがなくこの世を去る。そして、三十年もするとかつての人物が中景の存在となり、あちこちがかすみ、消えて、まろやかになる。②近景の人物が中景の人物に変ずる。なんということなしに、心ひかれるようになる。

ここから、歴史的変化がはじまる。不幸にして、それがおこらない場合、中景になりそこなったものは、遠景になることなく湮滅《いんめつ》する。

大悪人のように言われた政治家が、三十年、四十年すると、案外、偉大だったかもしれないなどと言われ出す。それに引きかえ、近景で羽ぶりのよかったのが、声もなく消える。近景だけ見て、わかったように思うのは、小才子の思い上りである。人間の世界には中景というものがあって、歴史も、そこから生まれる。そういうことを知らなくても、優等生として大手をふることができるから、この世は③たのしい。

近代日本の文化人、文学者で、もっともすぐれていたのは夏目漱石であるというのが定評になりつつあるが、もとからそうであったわけではない。イギリスへ留学した漱石は英語の教師であった。留学で勉強して英文学の学者になろうとしていたと想像される。決して偉大ではなかった。

遠縁の池田菊苗が、ドイツ留学から帰国するに際して、ロンドンの漱石を訪ねた。何をしているかと問われて漱石は、十八世紀の英文学を読んでいると答える。池田は、ドイツで新しい有機化学を開拓しようとしていたのだから、漱石の志の低いのをもの足りなく思ったのであろう。西洋人のしないことをすべきだ、とはげましたらしい。漱石は［X］、前人未踏の文学研究を志して、勉強をはじめた。

英文学の本を片づけ、社会学と心理学の本をあつめて勉強を始めた。二十世紀になったばかりのころのことで、日本の大学で、社会学の講座のあるところはなかった。心理学の講義のできる教授もいなかった。漱石の苦難はたいへんなものであったが、学問として文学を考える方法論をほとんど確立した。世界に比を見ない大業である。

それをかかえて*帰朝した漱石は東京大学の講義において、それを発表した。ラフカディオ・ハーンからこども向きの英文学を教わっていた学生に、この画期的文学論の価値のわかるわけがない。期せずして、漱石排斥運動がおこる。のち漱石門下になる森田草平などもそのお先棒をかついでいたらしい。

漱石の「文学論」は、外から文学に迫るもので、その先鋒が社会学と心理学だった。明治の学生にわかるわけがない。漱石は、自信を失って、教職をすてることになり、日本英文学は夢のようになってしまった。

（中略）

イギリスの*I・A・リチャーズの文芸批評論も、近景として、イギリスではうまく受容されたとは言いがたかった。アメリカへ渡って、中景の業績として、高く評価され、新しい文学運動をおこすまでになった。本質的に変化したわけではない。近くにあったときには見えなかったものが、はなれて見るとはっきりしたのである。

富士の山麓で頂上を仰いでも見えないものが三保の松原まで離れて見ると、はっきり見えるのと、リチャーズの文学論にも似たところがある。日本の漱石の大業は、その中景の機を与えられないままに沈んだ例である。中景が美しく、すぐれているのである。④いまでは遅すぎる。

歴史は、一般に、過去の忠実な記録のように考えられているが、違っているように思われる。

過去のある時点の近景を反映しているのではなく、すこし古く、遠くなった中景の記録である。近景より中景の方が、正確であるか、不正確であるか、の問題ではなく、中景の過去の方が、もとの過去より、〝おもしろい〟からである。歴史は、もとの過去そのままを反映するのではなく、三十年、五十年の過去を反映しているのである。歴史には、中景の美学がしっかりはたらいている。

われわれは、もっと、中景の美学を深化させる必要がある。

（外山滋比古『伝達の整理学』より）

（注）＊帰朝した漱石は東京大学の講義において……漱石はラフカディオ・ハーンの後任として東京帝国大学の講師に就いた。

＊I・A・リチャーズ……一八九三―一九七九。イギリスの文芸評論家。中略箇所には、I・A・リチャーズが、一九二〇年代に新文学研究の理論を発表し、世界を驚かせたことが書かれている。

問1　①そういうことは風景に限ったことではない　とあるが、このことを次のような文章で説明したときに、空欄にはいる語として、もっとも適切なものを後の①〜⑤の中から一つ選びなさい。ただし、一つの記号は一度しか使わないこととする。

筆者は大きな風景を眺める場合、眺める位置からの実際の距離を問題にしており、その点では、［A］を捉えることと言える。また人物を、近くから見るかどうかという点でも、［A］的といえる。しかし、筆者は実際の距離だけのこととは捉えておらず、そこには［B］が関係していることを論じている。

① 感覚　② 空間　③ 深化　④ 価値　⑤ 時間

問2　②近景の人物が中景の人物に変ずる。なんということなしに、心ひかれるようになる　とあるが、これは具体的にはどのようなことを述べているのか、三十字以内で記しなさい。

問3　③たのしい　とあるが、「たのしい」に込められている筆者の考えとして、もっとも適切なものを次の中から一つ選びなさい。

① 皮肉　② 楽観　③ 積極的受容　④ 興味本位　⑤ 希望

問4　空欄 X にはいる四字熟語として、もっとも適切なものを次の中から一つ選びなさい。

①　臥薪嘗胆　②　心機一転　③　一朝一夕　④　起死回生　⑤　虚心坦懐

問5　④いまでは遅すぎるとあるが、これはどのようなことを述べているのか、**あてはまらないもの**を次の中から一つ選びなさい。

①　漱石の「文学論」は、本来ならもっと評価されるものであったのかもしれないが、もうそれもわからなくなった

②　漱石の成果について、いまさら評価をするとしても、もっともよく見える中景の時期は逸してしまっている

③　漱石はもう亡くなってしまっていて、漱石の「文学論」をいまさら評価しても、漱石にその評価は届かない

④　漱石の偉業は、中景になりそこねてしまったが、中景から捉えられていればその価値がわかったであろう

⑤　漱石が講義した「文学論」の価値がよくわからなかった当時の大学生の評価が長く残り続けた

問6 筆者の歴史の捉え方として、もっとも適切なものを次の中から一つ選びなさい。

① 三十年後、五十年後から見た歴史は、中景としての見方であると言える
② 三十年前、五十年前の歴史は、歴史としておもしろいと言える
③ 三十年、五十年という年月がたてば小人物も英雄になると言える
④ 歴史を捉えるには、近景より中景の方が正確であると言える
⑤ 過去の歴史を忠実に記録したものは、歴史ではないと言える

問7 中景がいいという筆者の主張として、もっとも適切なものを次の中から一つ選びなさい。

① そもそも、ものごとには変化しない本質的な価値があり、その評価には遠近は関係しない
② 富士山のような大きな山の景色は、山麓から山頂を眺めてもその価値がわからずつまらない
③ 「従僕に英雄なし」というが、評価する力のない小才子は、はなれて人を見なければその価値がわからない
④ 大悪人のような政治家も、三十年五十年たつと、余計なものがそぎ落とされて、いい人に見えるようになる
⑤ リチャーズの文芸批評論のように、近景では評価されずとも、中景なら評価される可能性のあるものごとがある

Lesson 5

「思想」の話

「思想」というと難しいと思う人もいるかもしれません。しかし、「思想」は私たちの日常の悩みともつながっており、そのつながりが見えたときはとてもおもしろくなるものです。自分の考えとは関係なく正しいことが決まっているという「思想」もあれば、自分の考えによって何が正しいのかを選ぶことができるという「思想」もあります。そのような様々な「思想」がある中で、「一番良い状態」つまり「幸福」になるためにはどうしたらいいのか、もしかしたら皆さんが一番頭を悩ませている問題かもしれませんね。

目標：傍線部内容説明問題の解法をマスターする

文章：標準（約3500字）

出典：桑子敏雄『何のための「教養」か』

出題校：東海大学（改）

Lesson 5

試験本番での目標時間 25分

この本での目標時間 30分

▼解答・解説 本冊74ページ

次の文章を読んで、後の設問に答えなさい。

わたしの関心は、自然に対する研究が生み出した近代の科学技術が、どうして人間の行為によって自然の破壊をもたらすのかということに向かっていたから、アリストテレス(注1)の思考のなかで自然に対する研究と人間社会に対する研究とがどのようにつながっているかを考察することをテーマに研究を進めた。

わたしが学んだもっとも重要な思想の一つは、人間には二種類の知的な能力が備わっているということである。それは、自然の必然的な法則性を認識する能力、すなわち真理を認識する能力と、人間が自らの行為を選択することのできる能力、すなわち善をめざし、よりよい行為を選択することを可能にする能力の二つである。

人間が自らの行為を選択することのできる能力、「フロネーシス」を、わたしは「思慮深さ」と訳した。思慮深い人は、自分の目の前にある選択肢を「思慮深く」選択することができる。思慮深く選択できるということは、選択することによって実現できることを積み上げ、(ア)目標とする「願望の対象」を達成することができるということである。

行為を選択できる存在であり、その選択を行う能力をもつ存在こそが人間であるということの意味は、人間のふるまいは、自然の必然的な法則によって決まっているのではなく、複数の選択肢からみずからの(イ)意思にもとづいて一つを選択できるということを意味している。このことは、選択の自由をもっているということである。人間には自由があるということ、そのことをアリストテレスは、人間は選択する存在であり、思慮深さをもつ存在であると表現したのである。

人間の思考能力は、自然の法則を捉える部分と自由な選択の意思をもつ部分の両方からなっている。しかも、この二つは、人間が自己の存在の可能性を開花させるための、もっとも重要な能力である。

(ウ)アリストテレスは、人間がその能力を最大限に実現させた状態をすべての人間が願望の対象とする「最高善」と考えた。しかも、多くの人びとは最高善を「幸福」と考えているとしている。人間にとってもっともすぐれた能力は、自然の法則を認識することのできる能力であるが、この能力を発揮できる幸福な状態を実現するための選択を支えるのが思慮深さであった。

さて、人間が自然の必然的な法則を認識する能力をもつだけでなく、自然を利用したり、支配したり、あるいは、破壊したりする「自然に対する行為」を選択することのできる存在であるならば、自然に対する行為の選択は、人間がもっている「(エ)思慮深さ」にかかっていることになる。人間が行う行為のなかには、自然に対する思慮深

Lesson 5

い行為もあるし、自然に対する思慮を欠いた行為も存在する。

　わたしは、人間にとって大切なことは、その選択であり、選択を支える思慮深さであるということを学び、この「選択する人間」を自分の哲学の根幹にすえようと考えた。

　思慮深さがあることと、迷い、また後悔することとは切っても切れない関係にある。だれもが与えられた人生のなかで、迷うことなく選択することなどありえない。ただ、思慮深い人は、複数のなかから賢くよりよい選択肢を見抜くのである。

　人間は、選択すべき対象を知っていて選択するのか、という問いは、ソクラテス（注2）のパラドクスといわれる論争を引き起こした。人間は悪いことだと知っていて選択することがあるだろうか。この問いにソクラテスは、人間が誤った選択をするのは無知だからだと主張した。人間はよいことだと知っていれば、そのよいことを行い、悪いことだと知っていれば、そのようなことはしないものだ。なぜなら、そのようなことをするのは無知だからだ、というのである。ソクラテスの考えでは、よい行為をするようになるためには、［　Ⅰ　］それを教えるのが教育だというのである。

　アリストテレスは、ソクラテスに反論して、人間は悪いと知っていても、悪いことを選択することがあると主張した。悪と知りながら悪を行うのは、知を負かしてしまうほどの欲望があるからだというのである。無知が人間の判断を誤らせるというより、人間には意志の弱さというものがあり、だからこそ、後悔したり反省したりする。後悔することや反省することが人間が成長するための契機になるというのである。

読者のみなさんはどう思うだろうか。わたしたち人類の人生は、惑星上で営まれる迷う人生である。いわば「(オ)惑星的人生」こそがわたしたちの人生なのである。その迷いの道筋の上に、地球の将来がかかっている。地球と人間の将来に向けて、どのような選択を行うかがわたしたちに託されている。どのような選択肢があるのかを見抜いて、しっかり迷い考えることが大切である。

（中略）

ギリシア哲学から始めて、西洋哲学全般を約二十年かけて学んだが、わたしの関心はあくまで日本の自然環境にあった。日本人は自然を大切にしてきたといわれながら、どうしてこれほどの自然破壊ができるのか。この問いを極めるためには、ギリシア哲学をはじめとする西洋哲学を学ぶとともに、日本の思想的な伝統を学ばなくてはならない。そう考えた。

まず取り組んだのが、鎌倉時代に伝えられ、江戸時代に支配者であった武士の習うべき学問とされた朱子学の研究である。

中国十二世紀の偉大な哲学者、朱熹《しゅき》は、孔子以来の儒学(注3)の伝統に立脚しながら、独自の壮大な哲学を展開したので、尊称して「朱子」といわれ、その学問は、朱子学と呼ばれている。

朱子学の中心的な思想は、「仁」ということばで表現される。「仁」とは、「ひとの不幸を見過ごすことのできない心」という儒教の思想的伝統のなかで伝えられたことばである。朱子は、これを「すべての生きているものに対する、生きていることへの共感」と理解した。人間も他の生物もすべて宇宙の営みのなかで「生かされている存在」である。宇宙を朱子は、「天地」と表現しているが、天地がものを生み出す働きを「生《せい》生《せい》」ということばで表現した。人間の人生も天地の生生の働きによって存在しているのである。この働きを深く自覚し、また行動することによって、自己の存在を天地の間に正しく位置づけることができる。

わたしは朱子の哲学からいろいろなことを学んだが、とくに大切だと思った思想は、宇宙のなかの、大地の上に生を与えられた人間にとって、「生きていること」は、天地の働きによって与えられたものであるということであった。現代的に言い換えれば、ビッグバン(注4)から百三十八億年の宇宙の歴史、そのなかで四十六億年の地球という惑星の上で展開された生命進化のプロセス、いわば惑星が辿《たど》る過程のなかで、「(カ)生きることを与えられた存在」であるということである。

朱子は、この与えられた生をどう生きるかということを思索した。彼は、わたしたちの生のあり方と生を与えた宇宙の営みとの根源的なつながりをしっかりと認識したときに、わたしたちは自分の人生を正しく生きることができると主張した。こうした主張の背景にあったのは、伝統的な儒教思想と古代中国から伝えられた「易《えき》」の哲学を融合した独創的な思想である。「易」の哲学は、『易経』といわれる本のなかに述べられている。

『易経』は、天地の営みのなかで人間がどのような選択をするときに幸福になり、あるいは不幸になるかを見極めようとした占いの書物である。占いの書物であるが、「易をよく知る者は占わず」ともいわれる。人間が迷いのなかで難しい情況に直面すると、どうしても選択を迷う。迷っていてぐずぐずしていると、タイミングを逸してしまう。そのようなときに占いで迷いを絶つべきである、というのが「易」の思想である。だから、「易」の思想には、人間の選択をめぐる深い思索がたくさん含まれている。

正しい選択をすれば、その行為は「吉」といわれ、誤った選択をすれば、「凶」とされる。人間の生きる状況は常に変転（変易）しているが、他方、その根底には、不変（不易）な法則が存在している。状況のもつ変易と不易の両方、そして、その状況のなかに置かれた自己の位置を考慮し決断すれば、その結果はよいものとなる。

わたしたちの生は、どれも自分で選択したものではない、というこの根源的な認識に含まれる意味を考えて、わたしは、「与えられたもの」の重要性を知った。わたしは、これを「与えられたもの」という意味で、「所与」と表現した。人間の道徳と宇宙の成り立ちについての理解と人間の行為についての考え方を融合しようとした朱子の哲学の根幹には、「所与と選択」の思想があったのである。

（桑子敏雄『何のための「教養」か』より）

（注）＊1 アリストテレス……古代ギリシャの哲学者。倫理学、政治学、物理学、生物学の元となるような多岐にわたる研究を行った。
＊2 ソクラテス……古代ギリシャの哲学者。様々な人々との対話を通して思索し、神々に比した人間の知性の限界を説いた。
＊3 儒学……古代中国の思想家孔子を祖とする儒教から発展した学問。人への思いやりである仁やその具体的実践である礼を重視する。
＊4 ビッグバン……現代の宇宙物理学でその存在が主張されている現象で、宇宙開始時の高温高密の状態で生じた爆発的な膨張のこと。

問1 傍線(ア)「目標」とはどのようなものか。筆者の考えに最も合致するものを次の中から一つ選びなさい。

① フロネーシス　② 自由　③ 欲望　④ 善　⑤ 仁

問2 傍線(イ)「意思」と対比的な意味で用いられている文中の語句はどれか。最適のものを次の中から一つ選びなさい。

① 法則　② 社会　③ 能力　④ 願望　⑤ 自然

問3 傍線(ウ)「アリストテレスは、人間がその能力を最大限に実現させた状態をすべての人間が願望の対象とする「最高善」と考えた。」とあるが、アリストテレスの考えに最も合致するものを次の中から一つ選びなさい。

① 自然を認識する力と行為を選択する力によって、欲望を達成することが、最高の幸福である。

② すべての人間は、自己の可能性を認識する能力を最高に実現させることを、自らの願望とすべきである。

③ 二つの能力を最大限に実現させることができたならば、人間はあらゆる願望を実現することができる。

④ すべての人間は、自然の法則を認識し思慮深く行動することによって、自由を最大限に実現できる。

⑤ 二つの知的な能力を最大限に実現させた状態こそが、すべての人間が望む最高の善である。

問4 傍線(エ)「思慮深さ」とはどのようなことか。筆者の考えに最も合致するものを次の中から一つ選びなさい。

① 自然の法則を理解し、人類のために自然を支配すること。
② 人生は、必然的な法則によって決まっていると認識すること。
③ 自然の法則を認識した上で、よりよい選択肢を見抜くこと。
④ 最善をめざし、迷うことなく自らの意思で行動すること。
⑤ 人間が、自らの願望を実現するために自然を賢く利用すること。

問5 空欄 **I** にはどのような語句がはいるか。最適のものを次の中から一つ選びなさい。

① 善悪を知るだけでなく、思慮深く選択しなければならない。
② 善とは何か、悪とは何かを知らなければならない。
③ 知を負かしてしまう欲望に、打ち勝たなければならない。
④ 誤りや後悔をしながら、成長していかなければならない。
⑤ 自然の法則を認識し、よりよい選択肢を見抜かなければならない。

問6 傍線(オ)「惑星的人生」とはどのようなものか。筆者の考えに最も合致するものを次の中から一つ選びなさい。

① 地球に生きる人類の一人として、惑星規模で思慮深い選択肢を考える人生
② 悪いと知っていても、欲望に負けて誤った選択をしてしまう人間的な人生
③ 迷い、時に後悔しながら、地球の将来さえも左右するような選択をしている人生
④ 地球の将来は人間の将来でもあるということを認識し、自然を第一に考える人生
⑤ 無知や意志の弱さから、反省もなく地球の自然を破壊し続けている愚かな人生

問7 傍線(カ)「生きることを与えられた存在」とはどのような存在か。筆者の考えに最も合致するものを次の中から一つ選びなさい。

① 宇宙の営みに、選択の余地なくしたがって生きる存在
② 人間どうしの仁によって、生きることができる存在
③ 地球を大切にすることで、はじめて生存が許される存在
④ 生命の進化によって、地球上に誕生できた貴重な存在
⑤ 天地の生生の働きによって、生かされている存在

Lesson 6

「文学」の話

「文学」というと「小説」をイメージする人が多いと思います。そして、小説の登場人物や世界観などには作者の「個性」が色濃く反映されています。ところが、日本文学のルーツは「個性」を表現するものではなく「共同性」を追求したものだったのです。なぜ、文学で「共同性」が重要だったのでしょうか。皆の考え方がバラバラだと一つにまとまることができないので、日本という国家を一つにまとめるために「共同性」を追求したのです。

目標：脱文補充問題の解法をマスターする
文整序問題の解法をマスターする

文章：長い（約4200字）
出典：兵藤裕己「和歌と天皇――〝日本〟的共同性の回路」
出題校：亜細亜大学（改）

Lesson 6

試験本番での目標時間　27分

この本での目標時間　33分

▼解答・解説　本冊92ページ

次の文章を読んで、後の設問に答えなさい（なお〔　〕は出題者による補記です）。

和歌の創作が、古歌の伝誦《でんしょう》とおなじくヨムといわれている。創作と伝誦という、近代の私たちには異質であるはずの二つの行為が、ともにヨムという語で類同的に認識されるところに、和歌をヨム行為のもっとも本質的な問題はあるだろう。

ヨムとは、ある呪的テクストに媒介される発言行為である。ウタの表出のばあい、ヨマれるべきテクストとは、祭式に由来する神語《カミゴト》・神託のたぐいであり、またそれらが固定化・断片化して伝承された神授のフルコト（諺《ことわざ》・枕詞）、ないしは、それと「同様のものと見なされ」えた古歌・本歌である。それら広義のフルコトに媒介されることで、ウタは表現としての威力を保証される。とすれば、ウタ〔→和歌〕の呪的本質は、そのヨムという行為、表現形式において集中的に問題化している。

意思（心）の表出は、ある呪的なテクスト（に内在する神意）に媒介されることで、表現としての威力を保証されたわけだ。呪力の根源にある神というのが、じつは共同体成員の共同的な意思・願望の対自化された存在であってみれば、呪物・呪詞が内在する呪性（神意）というのも、じつは［　ア　］にほかならない。すなわち、表現を媒介する「自然物や伝承的な事実」は、「村落の人々の共同の観念によって、認知されたかぎりにおける名辞であって」、共同的な観念（意思）の象徴としてあるテクスト（呪物・呪詞）なのである。

テクストが内在・象徴する〈神意〉すなわち共同観念に媒介されることで、祭式における呪的な言い立て（ウタ）は「[イ]」を保証される。とすれば、ウタが発生的に負わされた呪的テクストに媒介される表現形式というのも、じつは言語表現の共同性の問題であり、それは、ウタが祭式言語として（祭式における共同的な意思表出として）発生・伝承されたことから[ウ]表現の形式だったろう。

ほんらいウタの表出はウタフであったにちがいない。それがいっぽうで、ヨムといわれる少なくとも最初の原因は、祭式言語としてのウタが、その発生時から負わされた表現の形式に由来していた。**(1)** 祭式の場での予祝や祈願、また農耕の作業歌などは、フルコトに媒介されることで、表現の呪性（共同性）を保証される。**(2)** すなわち、[エ]形式をとることで、ウタは共同性の表現として、したがってまた祭式言語として伝承されるわけだ。**(3)** すなわち、叙景や恋の創作歌において、[エ]という形式が、和歌表現の様式＝制度として持続したわけだが、そのことは、和歌の表出がヨムといわれる根拠であるとともに、日本的抒情詩としての和歌・和歌史の本質を規制したもっとも根柢的な問題であった。**(4)**

和歌をヨムとは、そのヨムという行為において、ヨミ手の個的な心・経験の表出を、和歌世界の共同性に転位する——自己同一化《アイデンティファイ》する行為である。

a 和歌はヨムもので、たとえばツクルものではなかった。

b そして共有される和歌世界が、同時に王朝社会成員の共同性、その社会的アイデンティティを保証する根拠でもあった。

c そこに和歌の詠出は、古歌の暗唱とともにヨムという語で類同的に認識される根拠もあったろう。

d そうである以上、和歌における詩的イデオロギーの問題は、そのヨムという行為＝表現形式において集中的に問題化している。

e むしろツクルといわれたばあいの特異な例が、ヨマれるべき和歌の本質を逆にうかがわせる。

「歌つくり」といわれた藤原定家*が、後鳥羽院*によって「心」なしと評されたその「心」とは、個々の歌人をこえて共有されるべき和歌世界の「心」であった。後鳥羽院が『新古今和歌集』の編纂《へんさん》を企てたことは、おそらく院が、中世初頭における〝日本〟という国家＝共同体のありようを（地域・階級による差異を超えて）一元的に再構成しようとしたことと不可分の問題だろう。そのようなA後鳥羽院の政治（＝祭祀）理念とのかかわりにおいて、*「心あるやうなるをば庶幾《しょき》せ」ぬ定家が否定的に評価されたのだとすれば、「近代」の歌体（定家に代表される歌体）にたいする後鳥羽院の危機感とは、承久の変（乱）をひきおこした院の政治的危機感とも表裏をなしたにちがいない。

そして重要なことは、そのような「歌つくり」の定家においてさえ、承久の乱以後の危機的な政治情況のなかで、歌風はしだいに平淡化し、既存の和歌世界（「歌の心」）の範囲内で保守化の方向をたどるという事実である。すなわち、定家が単独で撰した『新勅撰和歌集』（一二三五年）の歌風だが、同時にこの時期の定家が、『古今和歌集』や『源氏物語』をはじめとする王朝古典のテクスト校訂、注釈（ヨミ）にひたすら没頭してゆくのも、王朝の社会的危機の深刻化と不可分の問題であったろう。

定家の晩年の歌風が、その子為家をへて、*二条派の正統にうけつがれてゆく。和歌をヨム行為が（王朝の危機の深刻化とともに）イデオロギー的に純化されれば、和歌表現はいよいよ既存の和歌世界に収束し、したがって千篇一律化してゆくのは和歌史の必然の方向だったろう。それらの和歌について、〈文学〉的価値の有無をいうこと自体、それほど意味のあることとはおもえない。

たとえば、二条派ふうの月並み和歌について、「研究家・鑑賞者の差別・批判の能力を衰弱せしめるに十分な類型の堆積」といい、「寧《むしろ》、劫火《ごうか》の降《くだ》って整理してくれることを望んでいる」とのべたのは、折口信夫《おりくちしのぶ》（一八八七—一九五三、民俗学者、歌人、詩人）である。しかしその「類型の堆積」のなかに、むしろ「現在を問うて類型を追うていった心」をいい、「類型によって燃焼させねばならなかった精神」について論じたのは、「後鳥羽院以後の隠遁（*草莽）詩人の系譜」をいう保田《やすだ》與重郎《よじゅうろう》（一九一〇—八一、文芸評論家）であった。たしかに保田のいうように、中世以降の和歌は、ある非在の共同性へつらなる「志をいう」ものであった（それは幕末の草莽歌人のばあい、かれらが共同体原理としての天皇を発見する回路にもなっている）。二条派の和歌がかりに無個性・無内容であるとしても、むしろその『古今和歌集』的な無個性の反芻《はんすう》にこそ、B和歌をヨム行為の正統的な本質はあったはずである。

たとえば、二条派でも*京極派でもない正徹《しょうてつ》（一五世紀ごろの歌僧）が、二条為世《ためよ》（定家の曽孫）の歌風を「極真なる体」と評して、「歌は極真に詠ぜば道にたがうまじきなり」としているのは、和歌表現の本質を正確にいいあてている。また、今日的な鑑賞眼からは高い評価をえている京極派の歌風が、たとえば、『野守鏡』（一三世紀の歌論、二条派の立場から京極派を非難する）において「乱世の声」と批判されることも、おそらく、二条派対京極派といった党派的争いの次元をこえた問題だろう。

後鳥羽院の遺志をついだ後醍醐天皇が、二条派の歌人と結びつき、また二条派ふうの平淡・保守的な歌風が、政治的にはラディカルであるはずの*南朝周辺歌人によって支持された、という和歌史的事実の意味は重大である。たとえば、二条派の歌人で南朝政権のイデオローグ、*北畠親房《ちかふさ》は、南北朝時代を代表する古今学者でもある。親房の企てた『古今和歌集』全二十巻の注釈とは、要するにかれの『神皇正統記《じんのうしょうとうき》』の述作とイデオロギー的に補完しあうものであった。

*北朝に結びついた京極派の歌風が室町初期に消滅してのちも、二条派の歌風は、*地下《じげ》の連歌師たちをまきこむかたちで*堂上《とうしょう》歌壇にうけつがれてゆく。堂上歌壇の形式主義を「大なるつくり事」「大に歌道の本意にそむ」くとして批判した本居宣長《もとおりのりなが》（一八世紀の国学者・文学評論家）においてさえ、京極派の撰した玉葉《ぎょくよう》・風雅《ふうが》の二集は、「はなはだ風体《ふうてい》あしし。凡此《おおよそこの》道古今を通じてみるに、此二集ほど風体あしきはなし」であり、二条派の歌風こそが「正風」であった。「よみ歌には、いくたびもいくたびも古今を手本にする也」という宣長のばあい、「歌は物のあはれをしるよりいでくる」ものとされる。いうまでもなく宣長の「物のあはれ」論とは、『古今和歌集』仮名序の「歌の心」を「しる」の延長上に定式化されたナショナリズムであった。

たとえば、和歌の定型は、なぜいまもって私たちの耳にこころよいのか――。それはおそらく〝日本〟という、私たちの共同性のありかにかかわる問題である。和歌をヨム行為を、近代的な意味での〈文学表現〉あるいは〈創作〉としてとらえるなら、和歌史における最重要の基本線を見あやまることになる。詩としての価値をいうなら、後鳥羽院ではなくてむしろ定家、二条派の「正風」よりは京極派の異風が問題になるだろうか。そしてそれらがいずれも和歌史（というより和歌それ自体）から逸脱した部分であるところに、私たちの〈文学〉の尺度からはみだす和歌・和歌史の問題もある。

和歌をヨムとは、そのヨムという行為において、ヨミ手の個的な心・経験の表出を、和歌世界の共同性に転位する行為である。おそらく和歌が、個的抒情の表現として現実の経験世界にまで降りてくるには、そのヨムという行為および表現形式自体が相対化される必要があったろう。そうした和歌表現の様式が相対化、あるいは破壊されることによってのみ、和歌は、C和歌世界（歌の心）という非在の共同性から解放されたはずである。

たとえば、近代の正岡子規（一八六七―一九〇二、俳人、歌人）において、「歌よみ」の語は、批判されるべき堂上歌壇（明治の御歌所《おうたどころ》派）にたいしてだけむけられる。『歌よみに与ふる書』において、子規は自分らのことをけっして「歌よみ」とはいわないのである。たしかに子規は、和歌表現の様式を破壊することで、〈個〉の表現としての近代短歌を創出したのである。短歌が個的・経験的な日常世界にまで下降したわけだが、しかしその子規の短歌において、近代の〈個〉の表現であることが、じつは明治新国家というあたらしい共同性の表現でもあったという逆説は、また別の問題として考えられる必要がある。それは日本近代文学の始発が共有する問題であるとともに、むしろそれ以上に、短歌形式という定型の問題――すでにのべたように、短歌の定型においてもっとも安定的に構造化された和歌表現の様式の問題であった。

（兵藤裕己《ひょうどうひろみ》「和歌と天皇――〝日本〟的共同性の回路」（『王権と物語』所収）より。
ただし出題に際して表記・表現を変更し、一部省略した箇所がある。）

（注）＊藤原定家……一一六二―一二四一。藤原北家御子左《みこひだり》流の公家、歌人。父の俊成が歌人として頭角を現し、勅撰集『千載和歌集』の撰者となり、定家も二つの勅撰集を撰進するなど、御子左家を歌の家として確立した。著書に『近代秀歌』。子に為家。

＊後鳥羽院（上皇）……一一八〇―一二三九。第八二代天皇で、譲位後、『新古今和歌集』の編纂を命じた。また鎌倉幕府に対して挙兵したが敗れ（承久の乱、承久の変）、隠岐島に流された。

＊「心あるやうなるをば庶幾せ」ぬ……「（じぶんの歌に）和歌世界の心が宿るようにという（後鳥羽院にとってはもっとも根本的な）ことを乞い願わない」との意。

＊二条派／京極派……いずれも歌道の流派。御子左嫡流は二条派としてのちの南朝方と結びつき、庶流京極派はのちの北朝方に迎えられて清新な歌風をうちだしたが、二条派はこれを型破りであるとして非難した。近代以降、京極派の再評価がおこなわれている。京極派による勅撰集に『玉葉和歌集』と『風雅和歌集』がある。

＊草莽……古来、官職につかず民間で働きながら、国家的危機には忠誠を尽くそうとする人々を「草莽之臣」と呼んだ。幕末にかけては、在野の人々が草莽を自称して政治的活動をするようになり、詩歌を作る者もあった。

＊南朝／北朝……鎌倉時代後半から皇統は二つに分かれ、双方から交互に天皇が即位していたが、幕府滅亡後、足利政権が安定するまで、両統から天皇が並び立つ事態となり、南朝、北朝と呼ばれた。

＊北畠親房……一二九三―一三五四。公家、南朝の重臣。著書『神皇正統記』は中世日本を代表する歴史書。

＊堂上／地下……朝廷とそれをとり巻く公家（貴族）の歌人たちによって堂上歌壇が形成され、近代の御歌所派につながる。朝廷の官職を持たない「地下」の人々――一五世紀の連歌師宗《そう》祇《ぎ》はじめ、江戸前期の俳人・歌人である松永貞徳や中期の本居宣長など、武家や町人によっ

ても地下の歌壇が成立した。地下も二条派の歌風をくむ。

問1 空欄**ア**〜**エ**にあてはまる最も適切な表現を、次の①〜④の中から一つずつ選びなさい。

ア ① 対自化・客観化された共同体の意思・意向
② 伝誦、伝承された古歌・本歌のテクスト
③ 解読、解釈された神語・神託のたぐい
④ 無効化・無力化された共同体の諦念・諦観

イ ① 根源的な神による加護
② 呪的本質の実体
③ 言葉としての威力
④ 共同体成員の服従

ウ ① 始原的に定義された
② 運命的に義務づけられた
③ 排他的に与えられた
④ 不可避的に負わされた

エ ① ウタをウタフ
② ウタをヨム
③ フルコトをヨム
④ フルコトをツクル

問2　本文中から次の一文が抜けている。本文中の（1）～（4）のうち、どこに挿入すればよいか。最も適切な箇所を一つ選びなさい。

しかしここで問題となるのは、そのような祭式に由来するウタの表現形式が、ウタが祭式の場を離れてのちも持続したということである。

問3　本文中の枠に囲まれた**a**～**e**の文は順序通りに並んでいない。正しく並べ替えるとすれば、次の①～④のうちどれが最も適切か。一つを選びなさい。

① a―b―d―e―c
② c―b―d―a―e
③ b―c―e―d―a
④ a―d―c―b―e

問4　傍線部A「後鳥羽院の政治（＝祭祀）理念」とあるが、院はその理念のもとには、何をおこなおうとしたと考えられるか。最も適切な説明を、次の①～④の中から一つ選びなさい。

① 和歌が和歌世界の「心」を共有させることによって歌人たちをまとめあげたように、朝廷の政治をもう一度この列島に及ぼすことで、日本という国家を統治しようとした。

② 勅撰和歌集編纂という国家的事業を通じて、朝廷の先導によって、個々の歌人のみならず国中の共同体に利益を配分し、文化の力を応用して国家を統治しようと試みた。

③ かつて『古今和歌集』が王朝時代とその社会成員の共同性を体現したように、今度は『新古今和歌集』に中世初頭の共同性をくまなく体現させようと考えた。

④ 和歌世界が、朝廷を中心とした王朝社会の共同性や社会的同一性を保証していたという認識のもとに、中世において同様の構造を回復させようとした。

問5　傍線部B「和歌をヨム行為の正統的な本質」とは、どのようなものであったか。最も適切な説明を、次の①～④の中から一つ選びなさい。

① 二条派ふうの和歌の、『古今和歌集』をよく咀嚼した無個性・無内容。

② 和歌の読み手の個性を、和歌世界の共同性に転位すること。

③ 類型を積み重ね、無個性な歌をくり返し詠むという、二条派に代表される実践。

④ 和歌における詩的理念を、社会的にも実現させること。

問6　傍線部C「和歌世界（歌の心）という非在の共同性から解放」されるとは、どのような意味か。最も適切な説明を、次の①〜④の中から一つ選びなさい。

① 祭式的に和歌をヨミ続けるという行為とその表現形式が、相対化され、破壊されたことで、和歌は共同体から自律し、経験世界の抒情を表現する近代短歌としてうまれ変わったということ。

② 原初の村落共同体にはたしかに存在した、フルコト、または古歌・本歌に媒介された、ウタによる共同性が、その実体は失われても、和歌の表現形式となって和歌世界を束縛していたということ。

③ 長きにわたり和歌をささえ続けたその表現形式は、ウタが祭式言語であったときに発生したものだったが、いつしか祭式制度は伝承的な存在となり、和歌の表現形式も根拠を喪失したということ。

④ 和歌の本質や和歌の歴史は、文学の尺度からはみだし、文学史からも逸脱しているが、和歌世界という観念的、理念的な共同体に帰属することで、持続してきたということ。

Lesson 6

Lesson 7

「小説」の話

「小説」というと「作者の気持ちになる」や「登場人物の気持ちになる」といったことが求められているように感じる人も多いと思います。しかし、大学受験では感情移入は求められていません。「なぜその心情になるのか」「なぜそのような反応を示したのか」というように「なぜ」を考えることがとても重要なのです。

目標：心情把握問題の解法をマスターする

文章：標準（約3500字）
出典：原田康子『挽歌』
出題校：京都産業大学（改）

試験本番での目標時間 25分

この本での目標時間 30分

▼解答・解説 本冊112ページ

次の文章を読んで、後の設問に答えなさい。

病気で女学校を退学した「わたし」と、芸術大学の試験に三度失敗した久田幹夫は、アマチュア劇団みみずく座の美術係をしている。ある日知り合いの桂木家にチケットを売りに行った「わたし」は、桂木家の夫人が道で若い男と別れ話でもめているらしい現場に遭遇した。数日後、博物館に久田とともに劇に使う海猫《ウミネコ》の剝製《はくせい》を借りに行った帰り道、「わたし」は貧血を起こし、久田に背を支えられた。

わたしの背には、まるで彼の腕の形がそのまま彫りつけられたように固い腕の感触がのこっていた。そのことに気づくと、Aわたしは奇妙な戸惑いをかんじた。

わたしたちは長いあいだつきあい、一緒にみみずく座の仕事をし、なにかの折にからだや手の触れ合うことはあったが、そのときの感触はあとに残るようなものではなく、まして背を抱きかかえられたことなど一度もない。わたしは久田幹夫を好きだが、彼にたいするわたしの愛情といえば、あるときは彼に憧憬《あこが》れ、あるときは憎らしくもなる小さな感情の起伏がつづく、Bまるで慢性疾患のような、たちのよくない性質のものであった。それにわたしは一度だって彼に抱きかかえられたいと思ったことはなかった。

久田幹夫がわたしの背を支えたのは、わたしが貧血を起したせいである。その他の理由はない。しかし抱きかかえられたことに間違いはないのだ。そう考えると、わたしはなんとなく面映《おもは》ゆくなって、片手で頬を押えてうつむいた。

久田幹夫も頬杖《ほおづえ》をついていたが、煙草《たばこ》をくわえると、黙ってわたしのほうに煙草の袋を投げてよこした。新生（注1）の紙の袋は、いくらかしめっていた。

わたしは煙草に火をつけると、黙っているのが気詰りになってきた。

「白鳥の剝製みた？」

と、わたしは早口に喋《しゃべ》りだした。

「たぶん生きてる白鳥よりも死んだ白鳥のほうが美しいのだと思うわ。魂がないということだけでも素敵でしょ。描《か》きなさいよ、ね、剝製をモデルにして。白鳥の死ってタイトルはどこかにあったかしら。白鳥の湖はチャイコフスキー、白鳥の歌はシューベルト。パヴロワは瀕死の白鳥……」

気障《きざ》な言葉を、しかもとりとめもなく喋っているのをわたしは感じた。

「わたしをモデルにして。死んだ白鳥と、白鳥の死骸をよろこんで抱いている不遜《ふそん》の娘との取合せ……っていうのはいいでしょ。いい思いつきよ」

久田幹夫は相槌《あいづち》も打たず、こたえもせずにだまってわたしの顔をみつめていた。彼の濃い眉はすこしひそめられていた。そしてやや鋭い感じの彼の顔には、気づかわしさと、苦痛と、惑いのような表情がこめられていた。そんな顔で久田幹夫がわたしをみたことはなかった。わたしはたじろぎをかんじた。

「怜ちゃん」と、彼はしかし落着いた声で話しかけた。

「きみ、このごろどこか悪いんじゃないか？」

「悪くないわ、どこも」

からだのことを言えば、わたしが不機嫌《ふきげん》になるのを彼はよく知っている筈《はず》なのに……と思いながら、それでもわたしは平静な声で否定した。

「いつかも、ひどく蒼《あお》い顔してたぞ」

「いつ？」

小さな土鍋《どなべ》に入った鍋焼うどんが運ばれてきた。滑《なめ》らかな白い玉うどんの上に、蒲《かま》鉾《ぼこ》や鳥肉や椎茸《しいたけ》、海苔《のり》、長葱《ながねぎ》がのっていた。湯気《ゆげ》があたたかくわたしの顎《あご》にかかりひなびたその匂《にお》いにわたしは懐《なつか》しさをかんじた。わたしのからだはまだ倦《だ》るかったが、わたしはいくらか食欲をそそられた。しかしわたしは箸《はし》を取るまえに久田幹夫に聞き返した。

「いつかって、いつのこと？」

「きみが切符《きっぷ》を売りに行った夜さ。帰ってきたとききみは真蒼《まっさお》な顔をしてた……」

おどろいて、わたしは彼をみつめた。しかし久田幹夫はそれ以上なにも言わなかった。

桂木家から帰った夜、わたしは確かに蒼い顔をしていたに違いない。だがあの夜わたしは笑ったり騒いだりしながら、舞台脇《わき》の空部屋で遅くまでポスターを描きつづけたのだ。わたしは、わたしの仲間に心の動揺を気取《けど》られまいとした。それを、久田幹夫は気づいて、しかも忘れずにいたのだろうか。

霙《みぞれ》のなかを並んで帰りを急ぎながら、わたしは、久田幹夫があの夜の顔の青さを気に止めていたことにこだわりつづけた。しかし、わたしには、彼もわたしがショックを受けたことまでは感ぜず、ただ顔色の悪さを気にしたように思われた。とすると、わたしにはまた別な疑いがわいた。久田幹夫がわたしのからだのことを気づかうのは、わたしを愛しているせいかも知れない、とわたしは思ったのである。

わたしたちが市民会館にもどると、また忙しさが待ち受けていたが、わたしは帰途にわいた疑いを忘れることができなかった。わたしは久田幹夫にわたし以外に付き合っている女の友達がいないことを知っているし、彼がわたしに好意を持っていることも知っている。それはたぶんわたしと同程度の慢性疾患的な愛情の筈であった。わたしは、彼も慢性の、癒《なお》ることもないかわりに、はげしい熱や痛みもない愛情を持っていたことを疑えなかったので、C もし彼の気持ちがふいにかわったとしたら、わたしの貧血のせいのように思われた。わたしも奇妙な戸惑いをかんじたのだから彼だって平気ではおれなかったろう。

しかし間もなくわたしは、久田幹夫がやはり以前と同じ彼であるような気がしだした。

公演の終った夜、わたしたちは楽屋裏に集まってお酒を飲んだ。公演が終った夜に、全部の座員が湯呑茶碗《ゆのみぢゃわん》に一ぱいくらいずつの冷酒を飲むのは、恒例のようになっていた。お茶碗に一ぱいでも、疲れているのでわたしたちの酔いは早く、三幕目の誰かの表情は巧《うま》かったとか、スポットライトが不安定に動きすぎたとか、ソーリン(注2)を乗せた手押車が舞台の床につっかかって動かしにくかったとか、観客の入りがよくなくて張合いがなかった、というようなことを昂奮《こうふん》して喋り合った。

わたしはあまり飲みたくなかったので、久田幹夫の茶碗に半分くらいあけてやった。須山さんも、すこし飲むと真赤になって、あとは全部戸村さんにやってしまった。わたしたち四人は、他の部の人たちよりも先に会館を出て、小さな焼鳥屋にまたお酒を飲みに入った。わたしと須山さんは、山の手から下町の焼鳥屋に来るまでに酔いがでて福助の置物がひとつだけぽつんと棚にある、小さなその店ではほとんど飲めず、戸村さんと久田幹夫だけがコップで二杯ずつ飲んだ。それだけで、その店もわたしたちは切りあげた。もう真夜中に近い時刻だったのである。

木枯《こがら》しが真夜中の街路に紙屑《かみくず》を巻きあげていた。わたしたちは肩をすくめ、一緒に並んで同じ方角へむかって歩きだした。戸村さんがわたしを三人で家まで送りとどけようと言いだしたからである。わたしは「ダンクシェーン(注3)」と言ってから、もし久田幹夫がわたしを愛しはじめたなら、一人でわたしを送りたくなるだろうと思ったのである。

彼の様子には、そんな素振りもなかった。コールテンのジャンパアのポケットに両手を突込み、口笛を細く吹いていた。

「五月の公演にはなにやるのかな」と須山さんが、ひどくゆっくりと呟《つぶや》くと、戸村さんが、

「来年のことは言うなよ」と、早口に言った。

「だいいちおれたちの展覧会六月だろ。みみずく座の背景ばかり描いちゃいられんさ」

わたしは二人のやりとりを、ぼんやり聞きながら、久田幹夫のわたしにたいする気持ちが変ったなどと考えたことがD滑稽《こっけい》に思われてきた。わたしは久田幹夫が寡黙《かもく》で、感情を抑える型であることを知っていたが、滑稽に思いだすと、なんと考えてもおかしくなってきたのである。

わたしの羞《はずか》しさとか、久田幹夫の心配そうな表情などは貧血という生理的なできごとがもたらした、その場限りのものに違いない。わたしたちが急性疾患に罹《かか》ることは、まずないに決っている。それに、わたしの恋は、自分を愧《は》じねばならぬような、ひねくれた恋ではなく、王者のそれのように豪華でなければならぬ。……

しかしそう考えると、E隙間風《すきまかぜ》のような冷たい思いが、わたしの心をよぎった。それがまた癪《しゃく》にさわったので、門の前まで来ると、わたしは彼らに言った。

「Fあすから病気になるからよろしくね。後始末には行かないわ」

そしてわたしは、崩れかけた石の門のあいだを小走りに通りぬけ、裏庭に廻《まわ》った。風の中で枯れた野葡萄《のぶどう》の蔓《つる》が、骨の触れ合うような音をたてていた。わたしは戸を開け

て貰うために、明《あか》りの消えた、ばあやの部屋の硝子窓《ガラスまど》をはげしくたたいた。

（原田康子『挽歌』より）

（注）＊1 新生……煙草の銘柄。
＊2 ソーリン……チェーホフの戯曲『かもめ』の登場人物。
＊3 ダンクシェーン……ドイツ語で「本当にありがとう」。

問1 傍線部**A**「わたしは奇妙な戸惑いをかんじた」のはなぜか。最も適切なものを次の中から一つ選びなさい。

① 「わたし」は久田と長いつきあいだが、彼に初めて背を抱えられたことが照れくさかったから。
② 「わたし」は久田と長いつきあいだが、背を抱えられたことで初めて彼への好意を意識したから。
③ 「わたし」は久田と触れ合っても何も気にしたことがなかったのに、今回はその印象が強く残ったから。
④ 「わたし」は久田と触れ合っても何も気にしたことがなかったのに、今回はなぜか不愉快に思ったから。

問2 傍線部**B**「まるで慢性疾患のような、たちのよくない性質のものであった」とはどういうことか。最も適切なものを次の中から一つ選びなさい。

① 彼への憧憬と憎らしさの間で心が揺れていて、いつかは友情さえも壊れそうな状態になっていること。
② 長いつきあいの中で、彼への好意が恋愛感情にまで高まることはなく、いつまでも曖昧な心の状態が続いていること。

③ 彼への憧憬を感じるあまりに憎らしさが高じ、いつも愛憎半ばする屈折した恋愛感情を持ち続けてきたこと。

④ 長いつきあいの中で、彼に好意を抱いているのに、その気持ちが伝わらないことをはがゆく思い続けていること。

問3 傍線部**C**「もし彼の気持ちがふいにかわったとしたら、わたしの貧血のせいのように思われた」とはどういうことか。最も適切なものを次の中から一つ選びなさい。

① 久田はどっちつかずの気持ちでいたが、「わたし」の背を支えたことをきっかけに、「わたし」を愛し始めたようだ。

② 「わたし」は病気がちだが、今回の貧血は特にひどかったので、それを心配するうちに久田の愛が高まってきたようだ。

③ 久田は好意を隠しているが、貧血の「わたし」の背を支えたことをきっかけに、気持ちを露わにし始めたようだ。

④ 「わたし」が貧血を起こしたことで久田を意識し始めたのをきっかけに、彼も「わたし」を愛し始めたようだ。

問4 傍線部**D**「滑稽に思われてきた」のはなぜか。最も適切なものを次の中から一つ選びなさい。

① 久田が一人で「わたし」を送りたいという様子を見せたのは、体を心配しているだけのことだったのに、あれこれ思い悩んだことがおかしく感じられたから。

② 「わたし」が久田を意識したように、久田も「わたし」を愛しているのではないかと思ったが、それは勘違いで、あれこれ考えたことがばかばかしいと思われたから。

③ 久田が「わたし」を抱きかかえたことで二人は互いの気持ちに気づいたが、二人ともそれに気づかないふりを続けていることがばかばかしいと思われたから。

④ 「わたし」は久田が「わたし」を愛していることに気づいたので、感情を無理に抑えて、かたくなに無言を通している久田の様子がおかしく感じられたから。

問5　傍線部E「隙間風のような冷たい思い」を説明したものとして最も適切なものを次の中から一つ選びなさい。

①　久田が感情を抑え、「わたし」に対する気持ちが変わって愛情になったことをひた隠しにしていることが寂しく、しかも自分たちが結ばれるとしたら、王者のそれのように豪華な恋にならなければならないという思い。

②　久田からの愛を期待し、しかもそれが自分の勘違いであったことが情けなく、さらに自分たちが結ばれるとしたら、王者のそれのように豪華な恋にならなければならないという思い。

③　久田が感情を抑え、「わたし」に対する気持ちが変わって愛情になったことをひた隠しにしていることが寂しく、さらに自分たちが結ばれたとしても、その結果はわびしいものでしかないという思い。

④　久田からの愛を期待し、しかもそれが自分の勘違いであったことが情けなく、さらに自分たちが結ばれたとしても、その結果はわびしいものでしかないという思い。

問6 傍線部**F**「あすから病気になるからよろしくね」と言った時の「わたし」の心情として最も適切なものを次の中から一つ選びなさい。

① 久田との関係に奇妙な戸惑いを感じたのは、貧血がもたらしたその場限りのものに違いない。思ったよりも体調が悪化しているようだから、大事をとって明日は休もう。

② 久田がわたしを愛しはじめたことに気がついてしまった。二人の関係が変わっていくのは怖いので、しばらく彼とは距離を置いておいたほうがいいのかしら。

③ 久田がわたしを愛しはじめたと感じたのは勘違いだったなんて、がっかりだな。明日は腹いせに後始末をさぼってしまおう。彼が心配してくれたらいいのにな。

④ 久田がわたしを抱きかかえたのは、わたしを愛しはじめていたからかと思っていた。それが勘違いだったなんて恥ずかしい。しばらくは会わないでおこう。

Lesson 8

「成長」の話

「成長」とは「恋愛」と並んで皆さんのような成長期の人にとっての一大テーマです。「成長」するきっかけは人それぞれですが、ある「経験」によって人は大きく変わります。今はあまり見なくなってしまった「原っぱ」や「公園」で色々な友達と遊ぶことによっても、人はだんだんと成長していきます。その経験から得た自分の成長に対する自信が、受験勉強にも良い影響をもたらしているものです。

目標：表現問題の解法をマスターする

文章：長い（約4400字）

出典：眉村卓「原っぱのリーダー」

出題校：桜美林大学（改）

Lesson 8

試験本番での目標時間 20 分

この本での目標時間 25 分

▼解答・解説 本冊128ページ

次の文章を読んで、後の設問に答えなさい。

あれは、小学校の三年生のときだった。

家の近所に広い空き地ができたのだ。

ぼくの家は、都会のはしのほうの古い町の中にある。いや……父の話では、町は古いが以前はあっちこっちに畑もあって、のんびりしたところだったそうだ。それが今では家だらけになり、古い家は取り壊《こわ》されて新しくなったりマンションが建ったりで、昔《むかし》とはまるで変わってしまった——のだそうである。でもぼくはそんな昔のことは知らないから、町ってまあこんなものだと思っていたのだ。

ところが、家の近くの何十軒《けん》かがいっぺんに立《た》ち退《の》きになった。何でも十六階建てのマンションが建設されるとのことで、それらの家は次から次へと壊されて行った。ジュースの自動販売機を置いていた菓子店《かしてん》も潰《つぶ》されてしまい……後は、ロープを張りめぐらした広い空き地になったというわけである。

しかし、マンションはなかなか建てられなかった。何か準備の都合でもあったのかもしれない。そのうちに、広々とした空き地には草が茂《しげ》り始めた。

「①懐《なつ》かしいなあ。近頃《ちかごろ》じゃこのへんでああいう空き地なんて、めったに見られないものなあ。子供の頃にはよくあんな空き地で、キャッチボールをしたりサッカーをやったりしたもんだ」

と、父はいったりしたが……ぼくにはろくに関係のないことだった。とにかく、学校から帰ったらすぐに塾《じゅく》へ行き、夜戻《もど》って食事をしたら勉強するかテレビゲームをやるかなのである。②何もない原っぱに入ったって、意味がないのだ。遊ぶといったって何をしていいかわからず、相手もおらず、第一、立入禁止の札《ふだ》がロープにぶらさがっているのであった。

そんな、ある日。

学校から帰ってくる途中《とちゅう》、原っぱを見ると、四、五人の小学生が中に入っている。一番大きいのは、五年生か六年生位の男の子で、他《ほか》はぼくと同じかそれ以下の年頃であった。

みんなで、何か変なものを上のほうへ飛ばしているのだ。短い細い棒の先に羽根みたいなものをくっつけて、両手で棒を回すと羽根が飛び上がるのである。

あれは、たしか、竹とんぼとかいうんじゃなかったか？

そしてぼくはその中に、クラスメートの原田勝利《かつとし》がいるのを認めた。

③原田は何もかもが普通《ふつう》という、あまりぱっとしない奴《やつ》であった。姿かたちも普通、勉強も普通、これといって特技もない人間なのだ。そういえばたしかお父さんが海外へ

ひとりで行っていて、お母さんが働いていて、ひとりっ子で、かぎっ子でもあると聞いていた。しかし、ひとりっ子のかぎっ子なんてクラスに何人もいるのだから、別に特徴《とくちょう》とはいえないだろう。

その原田が、他の連中と一緒《いっしょ》に竹とんぼで遊んでいる。

と。

原田の放った羽根が、ひゅうと飛んできたのだ。何とか体をひねったので肩《かた》に当たっただけで済んだけれども、そのままでは顔に命中するところだった。

原田が走って来た。

「悪い、悪い」

いいながら、相手がぼくと気がついたのだろう、少しぎくりとしたように足を止めたのだ。

ぼくは羽根を拾ってやり、しかし、一応文句をいった。

「危ないじゃないか。それにここは立ち入り禁止だぞ」

「………」

原田は黙《だま》って羽根を受け取ったものの、何もいい返さなかった。④もともと気の弱い奴なのだ。

「何だ何だ」

大きな声を出してやって来たのは、五年生か六年生位の男の子である。がっちりした体格で、顔つきも荒々《あらあら》しかった。

「おれたちはここで遊んでいるんだ」

そいつはぼくをにらんだ。「邪魔《じゃま》をするつもりか！」
⑤「ここは……立ち入り禁止ですよ」
ぼくは、ロープに下がった札を指した。
⑥「そんなもの、お体裁でつけているんだ」
そいつはいい返した。「いかんというのなら警察でもそのへんの奴でも呼んでこい。呼べるものならな！　原っぱがあったら遊ぶもんだ！　つべこべいうな！」

「………」

ぼくはもう何もいわなかった。

こんな野蛮《やばん》な奴を相手にしたって仕方がない。

それにまた、こんなことでわざわざ警察へいいに行く気もぼくにはなかった。そんな真似《まね》をすれば母が、つまらぬことをして、とぶつぶついうのは間違《まちが》いない。だからぼくは無言でその場を離《はな》れたのだ。

その夜、ぼくはこの件を母に喋《しゃべ》った。

「放《ほ》っときなさいよ」

案の定、母はいったのだ。「出過ぎたことをしなくてもいいの。トラブルは嫌《いや》ですからね」

もっとも……父はこの話を聞き、今どきにしてはなかなか勇ましい子がいるものだなと母に感想を洩《も》らしたらしいが……さすがに直接にはぼくにはいわなかったのである。

次の日も、また次の日も、原っぱには子供たちが集まっていた。五、六人から、多いときには十数人が来ていたのだ。

そのリーダーは、例の五年生か六年生位の奴である。みんな、リーダーのいう通り、上体をかがませて膝《ひざ》を持った者の背中を順番に飛んだり、輪を棒のようなもので押《お》して回しながら走ったり、腕立《うでた》て伏《ふ》せをやったりしているのだ。その中にはいつも原田がいた。

ぼくは一度か二度、おとなが、

「こら！　そんなところで遊ぶな！」

と、わめくのに出くわしたことがある。

するとかれらは、リーダーの、逃《に》げろ！　という命令一下、外へ走って行くのだった。⑦それを見るとどなったおとなのほうも、どういうつもりか、わっはっはと笑うだけなのである。そしてそのおとながいなくなると、かれらはまた戻ってくるのであった。

ぼくはこのことを、学校でいいふらしたりはしなかった。喋ればみんなの噂《うわさ》になるだろうし、原田自身も困った立場になるに違いない。ぼくは原田には何の義理も恩義もないけれども、ぺらぺらと他人《ひと》のことを喋りまくるような人間にはなりたくなかっただけである。

ただ、当の原田には学校で忠告してやった。

「きみ、あんなところで毎日遊んでいて、勉強はどうなってるんだ？　それに、今に近所の人もうるさくなるだろうし、学校にも知れるぞ」

「いいんだよ。ぼくはかぎっ子だから、自分で自分の面倒位《めんどうくらい》見られるよ」

原田は、意外にしっかりした口調で答えたのだ。「昼間は昼間。ぼくは塾へ行ってないしね。夜は自分で勉強してるんだ」

「………」

「あいつ……ぼくらにいろいろ遊びを教えてくれる奴ね、テツオっていうんだ」

原田はつづけた。「テツオが教えてくれるまで、ぼくはあんな面白《おもしろ》い遊びがたくさんあると知らなかった。それに、いろんな本を貸してくれるんだ。マンガや小説で、これも面白いんだよ。何かと元気づけてもくれるし」

「………」

相手がそんなつもりなら、もう何をいっても仕方がないだろう、と、ぼくは諦めたのであった。

そして。

やっぱりぼくが思っていたように、原っぱでのことは問題になり始めた。近所のお母さん連中があれこれいうようになってきた——と、母から聞いたし、学校でも原田が他のクラスメートに何かいわれているのを何度も目にするようになったのだ。

ときには学校からの帰り、原っぱのロープの外に何人かが並《なら》んで、中の様子を眺《なが》めているのを見掛《みか》けたりもした。

このままでは、きっと、何かうるさいことになっただろう。

だが、そのうちにマンション建設が開始された。ロープの代りに高い仕切りが作られ、中には機械類が入って、ごうごうがりがりと音を立てるようになったのだ。

もちろんそうなると、もう中には入れなかった。原っぱでの、テツオとやらいうリーダーにひきいられての子供の一団の遊びは、消えてしまわねばならなかったのである。

そのころからぼくは、原田が変わってきたのに気がついた。マンションの建設が始まる少し前には、原田はみんなにいろいろいわれるようになっており、いじめの対象になるのはほとんど時間の問題だったのだが……妙《みょう》に落ち着いてきて、おかしなことをいわれても相手にせず、それでもひやかそうとする者がいると、みんなの前で、ここで決闘《けっとう》しようといい、なぐり合いもするようになったのである。もっとも、いつも原田が勝つとは限らなかった。三回に一回は負けたのだ。これでつねに勝っていれば、またそれはそれで憎《にく》まれたであろうが……ほどほどに勝ったのである。のみならず、学校の成績はまあ普通でも、体育のときには宙返りをやってみせたり大車輪をやったりして、先生をびっくりさせたし、絵もうまくなった。人気マンガの主人公の絵など、誰《だれ》も真似できなくなったのだ。

不思議なことだ、と、みんなはいった。そしてぼくは思うのだが、普通ならそんな風になればなるほど、みんなののけものにされるところなのに、何となく一目置かれて、誰も妙なことをいわなくなったのが……ぼくにはさらに不思議だった。

ぼくは現在高校の二年生だ。よく知られた進学校に通っている。

そして原田は、あまり有名でなく進学校でもない高校に行っているが……聞くところによればスポーツが達者でサッカーか何かの選手であり、美術展にはたびたび入選し、高校生の発明展覧会で賞ももらったりして、その学校のホープなのだそうである。原田は原田としての人生を歩もうとしているのだろう。

今になって考えれば、原田はあの原っぱでの遊びで、テツオに教えられ鍛《きた》えられているうちに、だんだん変わってきたのではないか……⑧テツオとはそういう魔力《まりょく》か超《ちょう》能力《のうりょく》みたいなものを持った奴だったのではないか——という気がする。そして、テツオと遊んでいた他の子供たちにしても、テツオによって何かの能力を開発されたのではないだろうか。原っぱでの、ぼくなどから見れば馬鹿馬鹿《ばかばか》しい遊びをやり、テツオの感化を受けて、そうなって行ったのではなかろうか。

ぼくがこんなことをいうのには、理由がある。

この間ぼくは、学力コンクールを受けるためによその高校へ行った。

その高校の傍《そば》に、空き地があったのだ。大きな空き地で、草が茂っていた。

空き地にはロープが張られ立入禁止の札があり、その中で子供たちが走り回っていた。そのリーダーは、小学校の五年生か六年生の——あいつだった。テツオだったのだ。いくら見ても間違いない。あのときのテツオだったのである。あれからもう八年も経《た》つのに……あのときのままのテツオが、子供たちをリードしていたのだ。

信じられなければ、信じてくれなくてもいい。

けれどもそうだったのだ。

きっとテツオは、年をとらない……空き地があればそこに出現して子供たちのリーダーになる存在なのだ。そして、一緒に遊んだ子供たち、そうしようとした子供たちに力を及《およ》ぼし、子供たちを変えようとしているのだ。人間ではなく、そういう存在なのだ。ぼくはそうだと信じるのである。

（眉村卓「原っぱのリーダー」より）

問1　傍線部①「『懐かしいなあ。近頃じゃこのへんであああいう空き地なんて、めったに見られないものなあ。子供の頃にはよくあんな空き地で、キャッチボールをしたりサッカーをやったりしたもんだ』と、父はいったりした」とあるが、この表現によって読者に何を伝えようとしているのか。その説明として最も適切なものを、次の①〜⑤の中から一つ選びなさい。

① 父と「ぼく」の年齢差を伝えている。
② 父の子供時代の遊びを伝えている。
③ 父の性格を伝えている。
④ 「原っぱ」が過去のものであることを伝えている。
⑤ 「ぼく」が空き地に興味のないことを伝えている。

問2　傍線部②「何もない原っぱに入ったって、意味がない」とあるが、ここに示された「ぼく」の考えとはどのようなものか。その説明として最も適切なものを、次の①〜⑤の中から一つ選びなさい。

① 原っぱは嫌いである。
② 何もない空間から意味は生じない。
③ 何もないところでは遊べない。
④ 外遊びは嫌いである。
⑤ 立ち入り禁止の場所に入っても楽しくない。

問3 傍線部③「原田は何もかもが普通という、あまりぱっとしない奴であった」、傍線部④「もともと気の弱い奴なのだ」とあるが、高校二年生になって原田はどのように変わったか。その説明として**適切でないもの**を、次の①〜⑤の中から一つ選びなさい。

① 乱暴者になった。
② 個性的になった。
③ 身体能力が上がった。
④ 社会性を身につけた。
⑤ 自信を持てるようになった。

問4 傍線部⑤「ここは……立ち入り禁止ですよ」とあるが、なぜここで丁寧語を使ったのか。その理由として**適切でないもの**を、次の①〜⑤の中から一つ選びなさい。

① 相手に対する警戒心があるから。
② 「ぼく」は物事を少し冷めた目で見る性格だから。
③ 話している相手が知り合いじゃないから。
④ 原っぱで遊ぶ子供を見下しているから。
⑤ トラブルに巻き込まれたくないから。

問5　傍線部⑥「そんなもの、お体裁でつけているんだ」とあるが、「お体裁」の意味の説明として最も適切なものを、次の①〜⑤の中から一つ選びなさい。

① 針と糸でぬい付けること。
② 物の外から見える形。
③ 他人の気に入るような表面上のこと。
④ 見栄《みえ》。
⑤ 表面的な形式。

問6　傍線部⑦「それを見るとどなったおとなのほうも、どういうつもりか、わっはっはと笑うだけなのである」とあるが、このときの「どなったおとな」の気持ちの説明として最も適切なものを、次の①〜⑤の中から一つ選びなさい。

① 自分の権威を示せたので喜んでいる。
② 半ば黙認し子供たちに共感している。
③ どなり声の効果がすぐに表れて喜んでいる。
④ 子供をからかって楽しんでいる。
⑤ どなった自分だけが置き去りにされて照れている。

Lesson 8

問7 傍線部⑧「テツオとはそういう魔力か超能力みたいなものを持った奴だったのではないか」とあるが、テツオの持っていた力とはどのようなものか。その説明として最も適切なものを、次の①～⑤の中から一つ選びなさい。

① ひとりぼっちのかわいそうな子供を見つけ、体力と精神力と周囲に好かれる魅力を分け与えてくれる力。

② リーダーシップとは何かを教え、自分と同じように振る舞えば子供集団の中で一目置かれることを示す力。

③ 何もない原っぱで遊ばせて、創意工夫の能力や運動能力、集団の中での人間関係を構築する能力などを開発させる力。

④ 子供たちの中に眠っている自分らしさや潜在能力に気づき、それらに魔法をかけて開花させる力。

⑤ 現代ではなくなってしまった原っぱでの遊び方を子供たちに伝承し、それを覚えてくれたお礼のように子供の能力を開発する力。

Lesson 9

「科学」の話

「科学」とは、日常の世界から離れたものというイメージがありますが、実は日常世界の疑問について考えていく中で生じてくるものなのです。「どうして、金魚鉢の金魚はすぐに死んでしまうんだろう」。こんな疑問からも科学的な思考は始まります。皆さんも科学的な思考が生まれる現場に立ち会ってみましょう。

目標：傍線部理由説明問題の解法をマスターする

文章：長い（約3600字）
出典：光瀬龍「金魚、この遠い日の夢」
出題校：國學院大學（改）

Lesson 9

試験本番での目標時間 20分

この本での目標時間 25分

▼解答・解説 本冊146ページ

次の文章を読んで、後の設問に答えなさい。

魚の飼育はよく〝金魚にはじまって金魚に終わる〟などといわれる。実際これほど飼い方のやさしい魚はいないし、一面これほど難しい魚もいない。

今では全く姿を消してしまったけれども、私が小学生だった頃までは金魚玉というものがあった。これは直径十五センチメートルほどのやや扁平《へんぺい》な中空のガラス球で、上部に金魚が二匹ぐらいくぐれるような口が開いている。つまり電灯の透明なグローブ傘のようなものだがこれを網につつんでつり下げるようになっていて中に金魚を二匹か三匹入れることができた。金魚屋で金魚を買うとたいていこれに入れてくれたものだが、この金魚玉なるものが実は私にとってたいへんいまわしい想い出となっている。

小学生の頃の私はたいへん体が弱く、長い病院生活も二度や三度ではなかった。そんな私に親戚《しんせき》の者や家の近所の人たちなどがよく金魚玉をおみやげに見舞いにきてくれたものだった。病室には大きな金魚鉢があるはずもないし金魚玉はそのまま、窓の留金などにぶら下げておかれた。金魚玉の中にはたいていい安物の和金がそれでも三匹ぐらい入っている。

翌朝、かれらはきまって横倒しになって水面に浮いている。時にはもう何時間も前に息絶えたとみえて弓なりに反って固くなって浮いているものもあったが、たいていはまだえらを苦しそうに開いたり閉じたりしていた。最初のうちは横倒しになっていた体をふいに立てなおすと元気そうにすいすい泳ぎ出したりする。なおったのかな？と思って見ているとこれはつかの間のことで、たちまち力がつきてふたたび横倒しになり、力なく水面に浮き上ってくる。こんなことが何回となくくりかえされ、しだいに起き直ることも少なくなり、ついには水面に横たわったきりになってあえいでいるだけになる。完全に動かなくなるまでにはさらに何分かあるいは何時間かが必要だ。ベッドの中にいる私は、そのかれらの最期のいちぶしじゅうを見届けるはめになる。なんのことはない。私に魚の断末魔の苦しみを見せるために親戚の者たちは金魚玉を持ってやってきたのだ。(a)その作業は少年の、しかも病床にある私にとってかなりこたえた。そのくせ、私は看護婦にその死にかかっている金魚をどこか見えない所へ持っていってくれ、とたのむことだけはしたくなかった。死の幻影におびえているととられるのがいやだったのだ。もちろん、子供のことだから大人のようにはっきりそう考えているのではないのだが、(b)自分の心を笑いとばすという操作のできない子供にとってはそれはまさに、そして生まれてはじめての死との対決だったわけだ。

これは今でも時おり見かけるが全体が丸くて肩がすぼまり、口の部分が朝顔の花のように外側に大きく開いている金魚鉢がある。おおむね、この口の部分が紺がかった青い色をしている。私が子供の頃にはこの朝顔形というのはいわばデラックスな金魚鉢だった。このほかに今では学校の実験室で水の電気分解などの実験によく使う直径二、三十センチメートルの分厚なガラス水槽と同じ形の不細工な金魚鉢がこれは普及品としてガラス屋や瀬戸物屋の棚にならべられていた。

　私の家でも、例の金魚玉に入れて買ってきた金魚を、朝顔形の金魚鉢に移しては飼っていたものだった。金魚はいぜんとしてよく死んだ。金魚玉の中で辛うじて保ち得た生命も、結局、朝顔の金魚鉢の中でさらに何日かを重ねることができたにすぎない。なぜ金魚はこうつぎからつぎへと死んでしまうのだろう？　私は病いの床の中で考えつづけた。熱に浮かされて目覚めた夜半の暗闇と静寂の中で、金魚鉢の水面に浮き上ってきて苦しそうに空気といっしょに水を呑みこむ金魚のせわしない水音が、ピチャ……ピチャ……ピチャ……とかすかに、いつまでもいつまでも聞えていた。その水音と薄暗い五燭《ごしょく》の電灯は私の少年時代の記憶のある部分を妙にやりきれなく形作っている。冬になると私の病室には電気ストーブが持ちこまれた。赤銅《あか》をたたいた丸い反射傘の中央に、ニクロム線を巻きつけた太い素焼の筒が突き出しているだけのそれは、その頃としてはかなりぜいたくなしろものだった。夜ふけなどふと目をさますと、部屋全体が遠火事の火の色のようなぶきみな赤い光につつまれていて、(c)そのわけは知りながらも思わずその原因をたしかめたい衝動にかりたてられ、ふとんの端をおさえて、頭をもたげるのだった。すると部屋のすみに置かれた電気ストーブが目にとびこんでくる。その円い反射傘に、赤熱したニクロム線が異様にひきゆがめられた形で映っているのだった。その色と形の作る形象が病める幼い私の心をたまらなく陰惨にうちのめした。私は天井や壁を染める暗赤色の光の中で荒い息を吐きながら、夜明けまでの長い時間に耐えるのだった。そんな時にかならず耳に入ってくるのが、金魚鉢からかすかに聞えてくる金魚のあえぐ呼吸の水音だった。

　私の家の裏庭の片すみに小さな池があった。それは輪切りにした大きな土管を埋めただけの池ともいえないようなもので、何年もとりかえたこともない水はアオミドロでえのぐを溶かしたように緑色になっていた。その池に何匹かの大きな金魚がいた。いつ頃そこへ放したものか、当時、家人の記憶でもすでに七、八年も前のことのようだった。かれらはいつも緑色の水面近くじっと浮いていて、私が近づいた時だけ、めんどうくさそうにわずかに尾びれを動かして水中へ消えていった。なぜかれらだけがそんなに長生きしているのか、私はたまらなくふしぎだった。金魚玉の中の金魚とはあまりにもちがいすぎるではないか！　私は最初、同じ金魚でも体の大きな別な種類であろうと思った。だから丈夫でそんなに簡単には死なないのだと結論づけた。ところがある日、またまたおみやげの金魚玉が舞いこんだ。家人はその金魚を裏庭の土管の池の中にほうりこんでしまった。(d)私はそのあわれな金魚の運命を思って胸がふさがった。あのひよわな生きものが、汚れきった土管の池の水に耐えられるわけがない。かれは明日は小さな落葉のようになって水に浮いているにちがいないのだ。翌日おそるおそる行ってみた。だが水面にはもみじの葉が二、三枚浮いているだけで魚の形をしたものは見当たらない。私はおそらくそれはほかの大きな金魚によって食べられてしまったのだろうと思った。私はそのままその金魚のことは忘れるともなく忘れてしまっていたが、それから何日かして池のかたわらに立ったとき、私は思わず息を呑んだ。あの金魚が大きな先住者たちにまじって緑色の水面に波紋をえがいて泳ぎ回っているではないか。喜びよりもおどろきの方が先だった。私はたぶんその金魚は大きな連中とは同じ種類なので体も丈夫なのにちがいないと思った。それでもなお疑問は残った。体に大小の違いこそあれ、池の中の金魚は金魚玉の中であえない最期をとげていったものたちとどうも同じ種類のように思える。もし同じ種類だとするならば、金魚玉や朝顔の金魚鉢の中ではどうしてあのように短命なのだろうか？　ある日、私は隣家の農家の兄《あん》ちゃんのところへ出かけていった。かれはその頃、小学校の高等科を全甲で卒業して農業の手つだいを始めたばかりの未来の篤農家だった。(しかしかれはこの数年後、戦死してしまうのだ) かれは即座に金魚玉は小さいし口もせまいから水に空気が溶けにくいのだと言った。私にはそれが何のことなのかよく理解できなかったが、それが私が水や空気などの性質についてほんのわずかでも知るを得た最初の機会だったと思う。同時に(e)それはまた私が生まれてはじめてのぞいた科学の世界だった。

水に溶けるという以上は空気も砂糖も同じことだろうと思った私は、金魚鉢の中の水をわりばしでかき回すことを思いついた。私は何日かの間、一、二時間ずつその単調な作業をこころみた。しかしそんなことでは問題の解決にはならなかった。私はとうとう思いつきを放棄するしかなかった。(実はこの私の思いつきが間違っていなかったことを後年発見して(Y)ひとりはなはだ満足だった。ウナギの養殖場などではモーターで水車を回し、水面を波立てて空気中の酸素を強制的に水に溶かしているのだ)そのつぎにこころみたのはストローで水中に空気を吹きこむことだった。(Z)これは完全に失敗した。自分の吐く息を金魚鉢の水の中に吹きこんでいたのだ！　自転車の空気入れを使うことも考えた。しかしそれとて一日中押していることはできない。やがて金魚鉢の水を流しつづけていればよいということを知ったが、家の外でならともかく、部屋の中ではほとんどそれは不可能だ。かくて部屋の中の金魚鉢で金魚を長く飼いつづけることのねがいは完全に断たれた。

(光瀬龍の文章より)

(注) ＊五燭の電灯……小型で光の弱い電灯。常夜灯に用いられた。
＊アオミドロ……淡水で増殖する緑色の藻類。
＊小学校の高等科……尋常小学校を卒業して進学する高等小学校。
＊全甲……全教科の成績が最優秀。

問1　傍線部ⓐの理由として最もふさわしいものを、次の①～⑤の中から一つ選びなさい。

① 金魚が死ぬたびに吊り下げられた金魚玉を交換しなければならず、何度も繰り返される交換作業の煩雑さが、病弱な「私」にとっては、かなりつらい重労働であったから

② 衰弱してゆく金魚を、裏庭の池に放せば長生きさせられることはわかっているのだが、入院中の「私」にはその作業を実行することができないので、精神的につらいから

③ 金魚が死にかかっていることに気がついていながら、「私」にはそのことを言い出す勇気がないため、金魚を他の水槽に移してほしいと依頼することができなかったから

④ 入院が長引き、漠然と不安を感じている「私」にとって、目の前で死んでゆく金魚の姿を日々見せつけられることは、その不安に具体的な実感を与えるものとなったから

⑤ 次々に金魚が死んでゆくのはかわいそうだが、「私」が死の恐怖におびえているせいだと誤解されたくないので、金魚を助けてあげてほしいと言い出せず、もどかしいから

問2 傍線部(b)の説明として最もふさわしいものを、次の①〜⑤の中から一つ選びなさい。

① 自分の弱さをあえて自嘲することによって、自身の置かれた状況を他人事のように突き放し、心の平静を保とうとする気持ちの整理法

② わざと自分の気持ちとは裏腹なことを言って、人々を笑わせておくことによって、本心を相手に気づかれないようにする心理的な策略

③ 本当は不安なのに、強がって無理に笑い話ばかり言っているうちに、図太くなり、心の痛みに気づかなくなるという精神的な鍛練法

④ 金魚の死という深刻な事態を、あえて不謹慎に笑ってみせることによって、豪胆な人間だと周囲に思わせようとする計算された生き方

⑤ 全然おかしくもないのに、無理に笑い続けているうちに、いつの間にか苦悩を忘れ、気分が晴れてすっきりするという心理的な効果

問3　傍線部Ⓒの説明として最もふさわしいものを、次の①～⑤の中から一つ選びなさい。

①　病弱な自分のために電気ストーブが部屋に置かれたという理由はわかっているのだが、夜中にストーブが正しく点火しているのかどうか不安になり、いちいち目で見て確認せずにはいられないような緊張感があるということ

②　部屋が不気味に赤く光るのは電気ストーブの光が反射しているからだということはわかっているのだが、それでもストーブが現実にそこにあるかどうか確認せずにはいられないような、不安な気持ちが高まってくるということ

③　赤く部屋が染まって見えるのは電気ストーブがあるからだという理論はわかっているのだが、なぜ電気ストーブの火が不気味な暗赤色をしているのか、その真の原因を知りたいという科学的な好奇心が抑えきれないということ

④　電気ストーブの光が反射して部屋が赤くなるという現象についてはすでに原因がわかっているのだが、なぜこの病室に電気ストーブが置かれるようになったのか、その根本原因を探ってみたい衝動に突き動かされるということ

⑤　部屋全体が赤く見えるのは電気ストーブのせいだとわかってはいるのだが、なぜ遠火事のような不気味な色になるのかは理由がわからず、ニクロム線のゆがみに原因があるのではないかという疑いが抑えきれないということ

問4 傍線部(d)の説明として最もふさわしいものを、次の①～⑤の中から一つ選びなさい。

① 新しく来たばかりの金魚が、汚れきった土管の中に放り込まれてしまうという悲惨な結末をたどったことを知り、そのような行為をする家族たちの心の冷酷さに対し、ひどく腹が立ったということ

② 他の金魚たちは金魚玉や金魚鉢の中で生きているのに、たまたまその日だけはなぜか金魚が土管の中に入れられ、運命が分かれたことを思うと、強い不安と恐怖の念が湧き上がってきたということ

③ ただでさえ死にやすい金魚玉の弱い金魚を、よりによって掃除もしたことがないような土管の池になど放したら、とても生きてはいられないだろうと思い、悲しくつらい気持ちになったということ

④ せっかくかわいがり面倒をみたところで、小さな金魚はどうせまたすぐに死んでしまう宿命にあるのだから、もはや何をしたところで宿命を変えられないというさみしい気持ちになったということ

⑤ 池にいる大きな金魚とは違って、金魚玉に入っている小さい金魚はすぐに死んでしまう種類なので、池に放すなどということは完全に無意味な行為であり、虚無感と絶望感を強く感じたということ

問5 傍線部ⓔの説明として最もふさわしいものを、次の①〜⑤の中から一つ選びなさい。

① 金魚玉の小さな金魚と、池にいる大きな金魚とでは、もともと生物としての種類が違うことに気がつき、隣家の兄ちゃんのアドバイスも得ることができて、生物を科学的に観察する基本姿勢を学ぶことができたということ

② 金魚玉の小さな金魚と、池にいる大きな金魚とでは生物の種類が違うが、どちらも空気を必要とするという点では違いはないということに気がつき、初めて科学的な水質化学の考え方の基礎を学ぶことができたということ

③ 金魚を飼うことも農作業も、自然を相手にするという点ではまったく同じ経験であり、実はそこに科学的な精神が貫かれているということに気づかされたため、隣家の兄ちゃんに対してますます尊敬の念を抱いたということ

④ 金魚玉の大きさや材質に基づいて必要な空気の量をたちまち計算した隣家の兄ちゃんには、科学者としての優れた資質が備わっており、その影響を受けて育った「私」も、その後科学者の道を進むことになったということ

⑤ 同じ金魚なのに、金魚玉や金魚鉢では死にやすく、土管の池では長生きできるというのは、水に含まれる酸素量の違いであるということを示唆され、科学的なものの考え方を初めて身近なものとして感じ取ったということ

問6　波線部(Y)の理由として最もふさわしいものを、次の①～⑤の中から一つ選びなさい。
① 空気も砂糖も同じだという考えは理解されなかったが、実は間違っていないことがわかったから
② 水をかき回すことで空気を水に溶かすことができるという考え方そのものは、正しかったから
③ わりばしを使ったからうまくいかなかっただけで、モーターさえあればうまくいったはずだから
④ 自分が子供のころに発明したやり方が、その後ウナギの養殖にも応用されるようになったから
⑤ 単調な作業なのですぐにあきらめたが、あきらめずに続けていればうまくいったと知ったから

問7　波線部(Z)の理由として最もふさわしいものを、次の①～⑤の中から一つ選びなさい。
① 自分ひとりがストローで送り込める空気の量は限られており、限界に達したから
② 息を吹き込んだくらいでは、多くの金魚に必要な空気の量には足りなかったから
③ 金魚に必要なのは酸素であるのに、ひたすら二酸化炭素を送り込んでいたから
④ 自分の吐いた息では、なかなか水には溶けず、金魚には届けられなかったから
⑤ 自分が吐く息をただ吹き込むばかりで、空気を吸いこむことが不足していたから

Lesson 10

「ファッション」の話

「ファッション」とは、多くの若い人たちにとってとても関心が高いテーマです。自分の身体が理想通りの人はほとんどおらず、たいていの人は何かしらのコンプレックスを抱えています。そのような身体にまとう服は自分の意思で自由に選択できるので、コンプレックスを抱える人にとってはとても魅力的に思えます。ところが、そのファッションが他の人から見てどうなのかという問題が湧き上がります。「ファッション」は私たちが自己と他者というものを深く考えるためのテーマなのです。

目標：傍線部理由説明問題の解法をマスターする

文章：短い（約2200字）
出典：小池昌代『黒雲の下で卵をあたためる』
出題校：創価大学（改）

Lesson 10

試験本番での目標時間 20分

この本での目標時間 25分

▼解答・解説 本冊164ページ

次の文章を読んで、後の設問に答えなさい。

　このあいだ、久しぶりに洋服を買いに行った。この冬のあいだじゅう、わたしのパターンは三つくらいしかなくて、黒いセーターにジーパン、茶色のフリースにジーパン、赤いセーターにジーパン。いや気がつけば、この冬だけのことではなくて、わたしはここ数年、自分のために買い物らしい買い物をしていない。洋服に関していえば、そもそも自分に似合うものがわからなくなっている。わからないというよりも、そんなものがこの世にあるのか、という感じだ。

　わたしのこういう何かを放棄した姿に、家族から一斉に非難の声があがった。ちょっとそれ、どうにかしたら？　もうちょっとかまったらどうなの？　母親が汚いと子供がいじめられるのよ。こういう暴力の声に押し出されるように、わたしは意志に反して、しかし自分を押し通すだけの力も持たず、騒がしい街中へ押し出されたわけだった。

　洋服を買うという行為は、わたしにとって、とても分裂した、とても奇妙なものだ。よし、服を買うぞ、と思って買いに行くとき、決まってほしいような服には出会えない。わたしは自分が好きな服をよく知っているような気がする。そして絶対似合わない服、嫌いな服も、充分知っているつもりだ。しかしわたしは、自分にぴったりな服、似合う服を、いつも見つけることができない。街には服を売る店がたくさんあって、モノがあふれるように売られている。どんなものも、ないものはない、どんなひとの需要にも、こたえられないものはないように見える。こんなにすべてのものがぎっしり過不足なくそろっているのに、しかし、自分に似合うものがなにひとつ見つからない。

こういうA過剰のなかの飢餓感のようなものを、わたしは時々、ほかの場面でも感じることがある。たくさんあるのに、わたしのためのひとつが欠けている。いや、そんなものは最初からないのかもしれない。

そもそも売られている商品は、どれも街中で、すでに誰かが着ているようなものであった。それらしき服を、わたしは何度も見たことがあった。服を買うとは、誰かになる、誰かの真似をするということなのだろうか。流行とは、誰かに似たひとになりたいという、欲望がつくるうねりのことなのだろうか。

わたしのためのひとつを探しながら、わたしは、同時にとても矛盾すること――わたしであってわたしでない、誰かに似たひとに限りなく近づこうとする。そうして自分がその誰かになったとき、うまく誰かになりおおせたとき、わたしは自分がうまくモードに乗ったように思い、その服を買い、その服を着て町を歩く。そのときわたしもまた他者にとっては、誰かに似た誰かのひとりとなる。

服を買うとき、わたしは見えない誰かに脅されているように感じてしまう。誰かになれ、と命令されているように感じる。

そして同時に、わたしはもう一つの疑念につきあたる。わたしは、服を着て歩いているわたし自身を、一度も外側から見ることができないために、自分について限りなく思い違いをしているのではないか。わたしは常にずれた皮膜を、わたし自身に被《かぶ》せているのではないか。わたしは自分を、実は少しも知らないのではないか……。

時々、着る服を、ひとに選んでもらう。

そのなかに、どうしても違和感が残り続ける服がある。しかしB他人がわたしに持つイメージを眺めるのは面白い。自己イメージとのかすかな落差が、着るたびに、身体にきしみのようなものを入れる。おしゃれは単に皮膜の問題のはずだったのに、服から微妙に「漏れる」ものがあって、それが身体や心のほうに浸透していく場合がある。

その日、わたしは通りすがりの一軒に入った。なんとしても今日はここで、何かを買うのだ。モノはたくさんあったし、バーゲンで何もかもが半額になっている。さあ、買え、さあ、買え。どこからか、声がした。

わたしは買った。一枚のキュロットスカートとジャケットを。しかしそれらは、どうしてもわたしがほしいものではなかった。それでなければならないようなものではなかった。しかしそれなりに見えるものであった。

それほど高価なものではないにもかかわらず、それを買ったとき、C わたしはふわっと自分を見失ったような気がした。あの、自分を見失う感じは、ほとんど快感に近いものがある。ああいうとき、わたしは本当に自分をなくしているのかもしれない。

なぜ、ものを買うことに罪悪感があるのだろう。そういう育ちかたをしたのだろうか。日本の高度成長期に育ったわたしだが、一方で家のなかはいつも質素な生活だった。わたしは自分のものを、いかに高価なものであるかを競うように［ X ］心理がよくわからない。なぜならわたしは、いつも自分のもちものを、できる限り安く言うくせがあるから。謙遜ではなく、そうしなければ罪が消えないとでもいうような脅迫めいたものだ。

このところ、わたしの定番のかっこうは、黒いセーターと黒いズボンだ。本当はこれだけで充分という気がしてくる。でも、この姿はまるで犯罪者だ。見られることを拒否していて、こちらが見るだけのスパイ的装い。一方的に世界をのぞきみしている。どこか、ずるいぞって感じがする。

「お洒落《しゃれ》をしないのは、泥棒よりひどい」

そう言ったのは、宇野千代である。

自分で放棄はしているものの、男でも女でも、おしゃれをしているひとを見るのがわたしは好きだ。おしゃれは［ Y ］である。春が来た。さあ、あたらしい服を着て、街へ行こう。

（小池昌代『黒雲の下で卵をあたためる』より）

問1 傍線部A「過剰のなかの飢餓感のようなもの」とあるが、どういうことか。その説明として最も適切なものを、次の中から一つ選びなさい。

① 自分に似合う服を知っているように思っていたのだが、いざ買うとなるとその服を見つけることができないということ。
② 街にはあふれんばかりにたくさんの服が売られているのに、その中に自分の欲している服を見つけることができないということ。
③ 服に対して欲や執着があまりなく、実際に買うとなっても自分に似合う服がわからず選択に迷ってしまうということ。
④ 街の中で売られている服はすでに誰かが着ているものであり、自分だけの服を見つけることがどうしてもできないということ。
⑤ 服を売る店は街中にはたくさん存在しているのだが、自分に似合う服を売っている店はどこにも存在していないということ。

問2 傍線部B「他人がわたしに持つイメージを眺めるのは面白い」とあるが、それはなぜか。その理由として最も適切なものを、次の中から一つ選びなさい。

① 服とは単なる表層だけに関わるものであることを確認することができるから。
② 身の丈に合った服とはどのようなものであるかを現前化することができるから。
③ 自分のセンスがいかに流行から遅れているかを思い知ることができるから。
④ 自分と他者とのあいだに一脈相通ずるものが存在していることがわかるから。
⑤ 他者が自分のことをどのように思っているかを垣間《かい》見ることができるから。

問3 傍線部C「わたしはふわっと自分を見失ったような気がした」とあるが、それはなぜか。その理由として最も適切なものを、次の中から一つ選びなさい。

① それなりのものを着て、自分が誰にも似ていない誰かになったように思ったから。
② それなりのものを着て、自分が自分によく似ている誰かになったように思えたから。
③ それなりのものを着て、自分が誰かに似た誰かのひとりになったように思ったから。
④ それなりのものを着て、自分が誰でもあり誰でもないひとになったように思ったから。
⑤ それなりのものを着て、自分が今の自分とは違う自分になったように思えたから。

問4 空欄 X に入る表現として最も適切なものを、次の中から一つ選びなさい。

① 見比べる　② 見せびらかす　③ 見定める

④ 見せかける　⑤ 見きわめる

問5 空欄 Y に入る表現として最も適切なものを、次の中から一つ選びなさい。

① ひとの行動を効率化させる「機械」のようなもの

② ひとの欲望を顕在化させる「貨幣」のようなもの

③ ひとの生活を観念化させる「知識」のようなもの

④ ひとの身体を理想化させる「魔法」のようなもの

⑤ ひとの生命を活性化させる「酸素」のようなもの

大学入試

柳生好之の The Rules 現代文問題集 1 入試基礎

はじめに

現代文読解に必要な「文法」「論理」をルールにまとめました

入試で出題される現代文においては、全く同じ文章を目にすることは極端に少なく、毎回違う文章と格闘しなくてはいけません。今までの人生で多くの読書経験があれば、初めて見る文章に臆することなく立ち向かうこともできると思います。実際多くの場合、現代文が得意な人は読書経験が豊富な人です。一方で、今まで文章を読んだ経験が少ないという受験生にとっては、受験当日までに熱心な読書家と同じだけの大量の文章を読むことはできないので、現代文という科目が高い壁として立ちはだかります。本書はこのような受験生を救うために作られました。

読書経験が少なくとも、「文法」「論理」という客観的なルールに従えば、大学入試で問われるくらいの内容ならば、読み解くことが可能なのです。大学入試では文章と自分の人生経験とを結びつけた深い意味の理解は問われません。あくまで「文章に書いてあることを、書いてある通りに理解できているか」が問われるのです。こちらの理解ならば、ルールを身につけることによって短期間でできるようになります。

本書は僕自身が大量の入試問題を研究する中で、必ず問われるポイントとなるようなことを選び抜いて洗練させて作りました。「文法」「論理」といった客観的なルールをもとにして、入試問題の設問を解くのに最適化させた珠玉のルールたちです。ぜひこの「The Rules」を自らの武器として、現代文という壁を乗り越えてください。

昨日見た問題が解けるだけでなく、まだ見ぬ明日の問題も解けるようになる。

これが「The Rules」の一番の目的です。

そして、本書をきっかけとして、今まで文章をあまり読んでこなかったという皆さんが大学に合格して、未知の様々な分野の本に臆することなく、むしろ、好奇心を持ってたくましく立ち向かう熱心な読書家になってくだされば、これに勝る喜びはありません。

柳生好之

目次

Lesson

柳生好之 やぎゅう・よしゆき
1979年石川県生まれ。早稲田大学第一文学部総合人文学科日本文学専修卒業。オンライン予備校「スタディサプリ」現代文講師。難関大受験専門塾「現論会」代表。「スタディサプリ」では東大をはじめとした難関大対策・共通テスト対策などの講座を多数担当している。著書は『ゼロから覚醒　はじめよう現代文』(かんき出版)、『柳生好之の現代文ポラリス』(KADOKAWA)、『入試現代文の単語帳BIBLIA2000』(Gakken)など、20冊以上。

編集協力：広瀬菜桜子
校正：株式会社エイティエイト／鈴木充美
﨑田邦彦／加藤陽子／加田祐衣
中村悠季／豆原美希
組版：日之出印刷株式会社
装幀・本文デザイン：相馬敬徳（Rafters）
装幀写真撮影：曳野若菜

本書の特長と使い方

特長

本書は、大学入試現代文の傾向を知り、対策を立てるための問題集です。本書では現代文読解に必要な「文法」「論理」をルールにまとめています。大学や文章のレベルを問わず使える再現性が高い一生モノのルールです。構成は次の通りです。

▼問題

近年の入試問題の中から、レベルに応じた10題を掲載しています。本書では長さにとらわれずに「優れた文章・設問」を採用しました。

難易度やジャンルにとらわれず、ルールを身につけるのに最適な順番で配置してあるので、必ず順番通りに解いてください。

▼解答・解説

このレッスンで出てくるルール

各レッスンで登場するルールを紹介しています。ルールは、次の二種類に分類されています。

読解……本文の読解に関わるルール
解法……設問の解答に関わるルール

※読解／解法のうち発展的な内容には 発展 、難易度の高い内容には 難関 のマークを付しています。これらは「このレッスンで出てくるルール」には紹介せず、該当箇所のみに紹介しています。

本文解説

上段には本文を再掲載し、着目ポイントなどを次のように示しています。

〈 〉……主題、主語（部）
【 】……比較的重要度が高い情報（筆者の主張、心情など）
（ ）……読解の手がかりになる部分（具体例、比喩、引用、譲歩など）
□……情報の整理に役立つ指示語・接続表現・フレームなど
※「フレーム」とは文章を読むときに注意すべき「枠組」のことです。
■……重要な情報
■……重要な情報と対立関係にある情報
※その他、対応関係などを「↕」「↑」「—」の線でつなげています。
※これらは、全てに付いているわけではなく、特に重要な部分に付いています。

下段にはルールを紹介しています。上段の該当箇所と合わせて確認しましょう。

読解マップ……本文を整理し、まとめています。
本文要約……本文を２００字程度で要約しています。
重要語句……重要な語句に説明を付けました。
※語句の上の数字は本文の行数です。

設問解説

各設問を解説しています。「空所補充問題」など各設問の種類を示すとともに、難易度を★～★★★の三段階で示しています。

使い方

❶目標時間を意識して問題を解く

「この本での目標時間」を目指して問題を解いてみてください。

❷「本文解説」「読解マップ」「設問解説」の順番に解説を確認する

解答を確認した後は、間違えたところだけではなく、解説全体を読みましょう。できれば意味段落分けと要約の作業にもチャレンジしてみましょう。

『The Rules』全67ルール一覧

●本書に収録されているルールは色文字で示されているものです。（⇒○）は掲載Lessonを示しています。
●1234はそれぞれ次の本を表しています。1：1入試基礎、2：2入試標準、3：3入試難関、4：4入試最難関。

ルール0　大原則「現代文では本文に書いてあることが正しい」

現代文では「事実」や「常識」に一致していることが正しいのではなく、「本文」に書いてあることが正しいという絶対ルールがあります。このルール0に基づき「❶本文を読んでから設問を解く」「❷本文中に解答の根拠を求める」を必ず実行するようにしてください。本書では同じルールが何度も登場しますが、これは学んだことが別の問題でも活《い》かせることを証明するとともに、入試本番でも同じルールで読み解くことができるようになることを目的としています。

記述の基本ルール

記述の基本的なルールを7ページに示したので、問題編に取りかかる前に読んでおくようにしましょう。

- ルール1　読解　「は」で強調されている「主題」に注目する！ ⇓1　1 2 3 4
- ルール2　読解　「同値関係（＝言い換え）」に注意する！　1 2 3 4
- ルール3　読解　「キーワード」の「詳しい説明」に注意する！ ⇓5　1 2 3 4
- ルール4　読解　「対立関係」を整理して「主張」や「重要な情報」をとらえる！ ⇓1～6・9・10　1 2 3 4
- ルール5　読解　「変化」は「何から」「何へ」の部分に注目する！ ⇓4　1 2 3 4
- ルール6　読解　「矛盾」に注意する！　1 2 3 4
- ルール7　読解　本文の矛盾は「逆説」を疑う！ ⇓6・10　1 2 3 4
- ルール8　読解　「皮肉」の表現に注目する！　1 2 3 4
- ルール9　読解　「並列関係」は並べる事柄とその対応を整理する！ ⇓3・6　1 2 3 4
- ルール10　読解　「類似」に注目する！ ⇓4・6　1 2 3 4
- ルール11　読解　「因果関係」は原因と結果に注目する！　1 2 3 4
- ルール12　読解　「因果関係」は表現で見抜く！ ⇓1・7　1 2 3 4
- ルール13　読解　「ある事柄」が成立するための「条件」に注目する！ ⇓2・5・10　1 2 3 4
- ルール14　読解　「主張」に伴う「根拠」を意識する！ ⇓1・3・6　1 2 3 4
- ルール15　読解　本文に書かれていない「結論」を推察する！ ⇓5　1 2 3 4
- ルール16　読解　「具体例」前後の「筆者の主張」を見抜く！ ⇓2・6　1 2 3 4
- ルール17　読解　「まとめ」は「筆者の主張の要点」と考える！ ⇓1　1 2 3 4

記述の基本ルール

記述問題は、国公立大学の二次試験だけではなく、様々な私立大学でも出題されます。自身の志望する大学に記述問題が出題されるか調べておくことはもちろん、ここで紹介する内容をしっかり頭に入れて対応できるようにしましょう。

記述ルール❶ 基本三原則を守る！

記述解答の際には次の三原則を必ず守りましょう。

一、漢字を正しく書く
二、文法・語法・構文に忠実に書く
三、内容の過不足なく書く

細かく減点されることもあるので、ミスがないかを読み直すなど、自身の答案をしっかりと確認しましょう。

記述ルール❷ 制限字数の7割以上は書く！

制限字数の半分に満たない答案は採点されないこともあるので、7割以上は書くように心がけましょう（注記されていない限りは句読点も字数に含めます）。

また制限字数が示されていない場合は、解答欄の大きさを確認して、枠内におさまるように書けば良いでしょう。

記述ルール❸ 主語と述語が対応するように書く！

日本語文の骨格は主語と述語です。ここが対応していないと、内容が根本的に間違ってしまうので要注意です。

例：×私の将来の目標は、大学教授になりたい。
　　○私の将来の目標は、大学教授になることだ。

記述ルール❹ 修飾語と被修飾語は近くに置く！

解答の一文が長い場合、修飾語と被修飾語が離れすぎていると読みにくく、減点される可能性があるので、気をつけましょう。

例：「多くの高校生」が集まったことを伝える場合
　　×多くの問題集を持っている高校生が集まった。
　　○問題集を持っている多くの高校生が集まった。

記述ルール❺ 特殊な言い回しは避ける！

記述解答では、特殊な言い回しは避け、一般的な言い回しで書きましょう。誰にでも一通りの意味で伝わる文章を書くことを意識しましょう。

例：×受験勉強は水滴が岩盤をうがつようにするべきだ。
　　○受験勉強は日々の継続的な学習が重要だ。

記述ルール❻ 設問に対応した文末表現にする！

記述解答は、必ず設問に対応した文末表現にしましょう。

例：設問「どういうことか」→解答「〜ということ。」
　　設問「なぜか」→解答「〜から。」

解答・解説

▼問題 別冊 3ページ

このレッスンで出てくるルール

ルール1 読解 「は」で強調されている「主題」に注目する！

ルール14 読解 「主張」に伴う「根拠」を意識する！

ルール4 読解 「対立関係」を整理して「主張」や「重要な情報」をとらえる！

ルール17 読解 「まとめ」は「筆者の主張の要点」と考える！

ルール44 解法 空所補充問題は「解答へのステップ」で解く！⇒問1

ルール51 解法 根拠を探すときは「関係」がある文に注目する！⇒問1

ルール53 解法 選択肢の検討では「文の構造」にも注意する！⇒問4

ルール12 読解 「因果関係」は表現で見抜く！⇒問6

解答

問1 ④　問2 ①　問3 ①　問4 ③

問5 ②　問6 ④

本文解説

出典：山竹伸二《やまたけしんじ》『「認められたい」の正体　承認不安の時代』

意味段落Ⅰ「現代は承認されないことへの不安に満ちた時代」

1 ルール1 主題 〈現代は〉承認への欲望が増幅した時代、というより承認されないことへの不安に満ちた時代である。人々は他者から批判されることを極度に怖れるあまり、自然な感情や欲望を必要以上に抑制し、周囲への同調と過剰な配慮で疲弊している。

2 承認への欲望が現代社会に特有のものであり、かつて人間の承認欲望はそれほど強くはなかった、というわけではない。人間が文化を築きはじめたその黎明《れいめい》期から、承認欲望は人間が行為を決定する際の重要な動機となり、個人や社会の運命を大きく動かしてきた。ヘーゲルやコジェーブ、ラカンが指摘しているように、人間の欲望は他者の欲望であり、誰かに認められたいという欲望である。それが最も人間的な欲望であることには、時代を超えた普遍性がある。

（中略）

3 だが ルール14 根拠 〈〈現代社会においては〉、自尊心を守り、自己の存在価値を信じるために必要な他者の承認が、なかなか簡単には得られない。〉 主張 そのため、【かつてないほど他者の承認が渇望され、承認への不安に起因する苦悩、精神疾患が蔓延《まんえん》している。】それは近代以降、

≫ルール1 読解

「は」で強調されている「主題」に注目する！

助詞の「は」は上にくる主題を周りから切り離し、他の主題との「対立」を表したり、「強調」「限定」したりします。「は」で強調されている主題がメインテーマとなることが多いので、注意しましょう。

「現代は」は、「現代」という主題を他の時代から切り離して強調しています。

≫ルール14 読解

「主張」に伴う「根拠」を意識する！

筆者は「主張」する際、読者に納得してもらえるような「根拠」を挙げます。ここでは先に「根拠」を挙げてから「主張」していますね。

「根拠」を表す表現

① 「帰結」の接続表現

社会共通の価値観への信頼が徐々に失われていったことと深い関係にある。

意味段落Ⅱ 「近代になって社会共通の価値観への信頼が失われた」

4 ≪哲学者のチャールズ・テイラーは、「近代になって生じたのは承認のニードではなく、承認を求めても手に入れられないことがありうるという状況の方なのです」(『〈ほんもの〉という倫理』一九九一年、田中智彦訳、産業図書、二〇〇四年)と述べている。≫ 引用

5 ≪近代以前は≫(社会共通の)伝統的な価値観のなかで個人の役割は固定されていたため、アイデンティティや承認は最初から **A** 。だが近代になると、自分らしいあり方が追求され、他者の承認を介してアイデンティティを形成するようになったため、そこに承認の不安が生じてきた、というわけである。

ルール4 譲歩

6 ≪なるほど、社会に共通した価値観が浸透し、個人の役割も固定されている場合、そこに生きる人々はその価値観に照らして自らの行為の価値を測り、その役割にアイデンティティを見出している。 **B** では、その価値観に準じた行為は周囲から承認され、異を唱えられることはない。したがって、そのような行為において他者の承認を強く意識する必要はなかった、と考えられる。

具体例

7 ≪たとえば、キリスト教の価値観が浸透した社会なら、神を信仰する敬虔《けいけん》な態度は周囲から承認されるはずだが、当人は周囲の承認など気にせず、その価値観を信じ込ん

□だから □したがって □それゆえ
□ゆえに □よって □そのため
□そこで □こうして □そして
*「そして」には「帰結」以外の使い方もある。

② 「理由」の接続表現
□なぜなら □というのも

≫ ルール4 読解
「対立関係」を整理して「主張」や「重要な情報」をとらえる!

ある事柄を説明するときは、反対の内容と比較することでわかりやすくなります。そのため論理的文章では「対立関係」にある文が頻出しますので、意識しながら読んでいきましょう。

「対立関係」を表す表現

① 「譲歩」のフレーム
□確かにA、しかしB。
□もちろんA、しかしB。
□なるほどA、しかしB。
□無論A、しかしB。

② 「否定」のフレーム

でいるだけだろう。［C］、そこに承認不安は生じない。》)

8 しかし、社会共通の価値観が存在しなければ、人間は他者の承認を意識せざるを得なくなる。誰でも自分の信じていた価値観や信念、信仰がゆらげば、自分の行為は正しいのか否か、近くにいる人に聞いてみたくなるものだ。自己価値を測る規準が見えなくなり、他者の承認によって価値の有無を確認しようとする。こうして、［D］、他者から直接承認を得たいという欲望が強くなる。

意味段落Ⅲ 「現代の社会状況により、承認されないことへの不安が蔓延している」

ルール17 まとめ

9 【《現代社会は》まさにこのような時代である。】宗教的信仰は大きくゆらぎ、政治的イデオロギーへの信頼も失墜し、文化的慣習も流動的になっている。社会に共通する価値規準は崩壊し、価値観は［E］しているため、自己価値を測る価値規準が見出せない。一方で、自分らしく生きるべきだ、という考え方も広まっているが、なかなか「自分はこれでいい」と思えない。そのため、［F］すがるよりほかに術《すべ》がないのだ。

ルール17 まとめ

10 【現在、身近な他者の承認が強く求められるようになり、承認不安による「空虚な承認ゲーム」が蔓延《まんえん》している背景には、こうした社会状況の変化がある。】

□AではなくB。

③「差異」のフレーム

□AはXであるのに対し、BはYである。

≫ルール17 読解 「まとめ」は「筆者の主張の要点」と考える！

「まとめ」に注意して読むと、筆者の主張の要点をとらえることができます。本文を読むときには「まとめ」の表現に印を付けておきましょう。

「まとめ」の表現

①「まとめ」の指示語

□このような □こうした

□こういう

□そのような □そうした

□そういう

②「要約」の接続表現

□つまり □つまるところ

□要するに

□結局 □畢竟《ひっきょう》

読解マップ

意味段落Ⅰ 「現代は承認されないことへの不安に満ちた時代」（1～3）

現代は承認されないことへの不安に満ちた時代である

根拠 現代社会においては、自尊心を守り、自己の存在価値を信じるために必要な他者の承認が、なかなか簡単には得られない

← 因果関係（帰結）

主張 かつてないほど他者の承認が渇望されている
承認への不安に起因する苦悩、精神疾患が蔓延《まんえん》している

意味段落Ⅱ 「近代になって社会共通の価値観への信頼が失われた」（4～8）

近代以前

・社会に共通した価値観が浸透し、個人の役割も固定されている
・人々はその価値観に照らして自らの行為の価値を測り、その役割にアイデンティティを見出している
・他者の承認を強く意識する必要はなかった

⇔ 対立関係（差異（変化））

本文要約

現代は承認されないことへの不安に満ちた時代である。近代以前は社会に共通した価値観が浸透し、個人の役割も固定されており、その役割にアイデンティティを見出しているため、他者の承認を強く意識する必要はなかった。ところが、近代になると、社会共通の価値観への信頼が失われ、自分らしいあり方が追求され、他者の承認を介してアイデンティティを形成するようになったため、そこに承認の不安が生じてきた。

重要語句

□ 5 黎明期《れいめいき》＝新しいことが始まろうとするとき
□ 9 普遍《ふへん》＝いついかなる時代や地域でも当てはまること
□ 13 蔓延《まんえん》＝病気などがはびこり、広がること
□ 19 アイデンティティ＝自分が他ならぬ自分

近代

・社会共通の価値観が存在しない
・他者の承認を介してアイデンティティを形成する
・他者の承認を意識せざるを得なくなる

意味段落Ⅲ「現代の社会状況により、承認されないことへの不安が蔓延している」（9〜10）

社会状況の変化

社会に共通する価値規準は崩壊し、自己価値を測る価値規準が見出せない

＋

自分らしく生きるべきだ、という考え方も広まっているが、なかなか「自分はこれでいい」と思えない

← 結果

現在の状況

身近な他者の承認が強く求められるようになり、承認不安による「空虚な承認ゲーム」が蔓延している

であるという存在意識。自己同一性

□27 敬虔《けいけん》＝神仏などを深く敬って態度を謹むさま

□32 規準《きじゅん》＝判断の模範となるよりどころ
（参考：基準《きじゅん》＝ものごとを判断するよりどころ）

問1 空所補充問題　難易度★

≫ルール44 解法 **空所補充問題は「解答へのステップ」で解く！**

空所補充問題の解答へのステップ

ステップ1 **空所を含む一文を分析する**

「主語（部）」や「指示語」、「接続表現」などを押さえます。

ステップ2 **解答の根拠をとらえる**

ステップ1で分析した内容を手がかりに本文を読み取ります。「主語（部）」について説明している部分や、「指示語」の指示対象、「接続表現」でつながっている部分を確かめましょう。それらを根拠として空所に入る内容を判断することができます。

ステップ3 **解答を決定する**

ステップ2でとらえた根拠をもとに解答を決めます。

現代文では同じ文章が出題されることはありませんが、出題される設問の形式はほとんど決まっています。そのため、設問形式ごとに一定のアプローチ法を学ぶことにはとても重要な意義があります。

ステップ1 **空所を含む一文を分析する**

〈近代以前は〉（社会共通の）伝統的な価値観のなかで個人の役割は固定されていたため、〈アイデンティティや承認は〉最初から［A］。

「近代以前」の「アイデンティティや承認」がテーマになっているとわかります。「アイデンティティや承認」について説明している文を探しましょう。

≫ルール51 解法 **根拠を探すときは「関係」がある文に注目する！**

解答の根拠を探すときは、空所を含む一文と同じような内容（**同値関係**）の文か、反対の内容（**対立関係**）の文か、原因と結果でつながる（**因果関係**）文か、具体例やまとめ（**包摂《ほうせつ》関係**）となる文を探しましょう。

「**同値関係**」とはイコールの関係のことです。一方、「**対立関係**」とは反対の関係のことです。現代文では同じ内容を繰り返して説明したり、反対の内容と比べて説明したりすることが多いので、これらの関係がよく出てくるのです。

また、「**因果関係**」は原因と結果の関係のことで、前後の順当なつながりのことです。「帰結」の接続表現に気をつけましょう。

最後の「**包摂関係**」は聞いたことがないという人もいるでしょう。「包摂関係」とは「具体と抽象の関係」のことです。抽象は「大きいグループ」であり、具体は「小さいグループ」です。たとえば、「生物」と「人間」という二つの言葉があるとき、「生物（抽象）」という、より大きなグループが、その中に「人間（具体）」という、より小さいグループを包み込んでいるため「包摂関係」と呼ぶのです。「同値関係」と同じだと説明している場合もありますが、そのように考えると解けない問題もあるため、「同値関係」とは分けて考えておきましょう。

ステップ2　解答の根拠をとらえる

5　〈近代以前[は]〉（社会共通の）伝統的な価値観のなかで個人の役割は固定されていた[ため]、〈アイデンティティや承認[は]〉最初から［A］。

⇔ **対立関係**

[だが]近代になると、自分らしいあり方が追求され、他者の承認を介してアイデンティティを形成するようになったため、そこに承認の不安が生じてきた、というわけである。

空所を含む一文の直後は「だが」という接続表現でつながり、「近代になると」とあることから、「対立関係」であるとわかります。「アイデンティティや承認」に関して「近代以前」と「近代」では反対の内容が説明されています。ですから、空所は「不安が生じてきた」の反対の内容、「不安がない（安定している）」という内容になるとわかります。

「アイデンティティや承認」に関して

近代以前は不安がない（安定している）…プラスイメージ

⇔ 対立関係

近代では不安が生じている……………マイナスイメージ

ステップ3 解答を決定する

以上より、解答は④「自明視され、問題化されていなかった」となります。プラスイメージに近いのはこの選択肢です。「自明」は「考えるまでもなく、はじめからはっきりしている様子」という意味で「安定」に近いです。また、「問題化されていない」は「不安がない」という意味に近いです。

〈その他の選択肢〉

① 怖れられ、失われていた
マイナスイメージ

② 排除され、満たされていなかった
マイナスイメージ

③ 普遍化され、要請されていた
「不安」とも「安定」とも無関係

⑤ 個別化され、社会化されていなかった
対立関係の内容が異なる

問2 空所補充問題 難易度★

≫ルール44→14ページ

ステップ1 空所を含む一文を分析する

[B]では、〈その価値観に準じた行為は〉（主部）周囲から承認され、異を唱えられることは[ない]。

「その価値観に準じた行為」が「承認され」「異を唱えられることはない」のは、「どこにおいて」なのかを考えながら、解答の根拠を探しましょう。

ステップ2 解答の根拠をとらえる

6 [なるほど]、社会に共通した価値観が浸透し、個人の役割も固定されている[場合]、そこに生きる人々はその価値観に照らして自らの行為の価値を測り、その役割にアイデンティティを見出している。[B]では、〈その価値観に準じた行為は〉周囲から承認され、異を唱えられることは[ない]。[したがって]、そのような行為において他者の承認を強く意識する[必要はなかった]、と考えられる。

⊂ 包摂関係（具体例）

7 [たとえば]、キリスト教の価値観が浸透した社会[なら]、

〈神を信仰する敬虔《けいけん》な態度は〉**周囲から承認される**はずだが、当人は周囲の承認など気にせ[ず]、その価値観を信じ込んでいるだけだろう。

---

[7]段落は「たとえば」で始まっているので、[6]段落の「具体例」となっていると考えましょう。「具体例」と重ね合わせると、空所を含む一文は「共通した価値観が浸透した社会」について説明していると判断できます。「共通した価値観が浸透した社会（例　キリスト教の価値観が浸透した社会）」では、「その価値観に準じた行為（例　神を信仰する敬虔な態度）」は「周囲から承認される」のです。

「共通した価値観が浸透した社会」
⊂ **包摂関係**（具体例）
「キリスト教の価値観が浸透した社会」

ステップ3　解答を決定する

以上より、解答は①「多くの人間が同じ価値観を信じている社会」となります。「共通した価値観が浸透した社会」に近いのはこの選択肢です。

〈その他の選択肢〉

② 多くの価値観が同じ人間のなかにある社会（「共通した価値観」と反対）

③ 限られた人間が多くの価値観を信じている社会（「共通した価値観」と反対）

④ 限られた社会が同じ人間だけを承認する価値観（「価値観」で終わっている）

⑤ 多くの人間が多様な社会を信じている価値観（「価値観」で終わっている）

---

④と⑤について、「キリスト教の価値観が浸透した社会」という「具体例」を包摂する内容は「社会」で終わらなければいけません。

問3　空所補充問題　難易度★★　≫ルール44→14ページ

ステップ1　空所を含む一文を分析する

[C]、[そこ]に〈承認不安は〉（主語）生じない。

「承認不安」が生じない社会は「どこ」なのかを考えながら

解答の根拠を探しましょう。

ステップ2 解答の根拠をとらえる

5 ……だが近代になると、自分らしいあり方が追求され、他者の承認を介してアイデンティティを形成するようになったため、そこに承認の不安が生じてきた、というわけである。

⇔ **対立関係**

7 たとえば、キリスト教の価値観が浸透した社会なら、〈神を信仰する敬虔な態度は〉周囲から承認されるはずだが、当人は周囲の承認など気にせず、その価値観を信じ込んでいるだけだろう。 **C** 、そこに〈承認不安は〉生じない。

近代と近代以前の「対立関係」を整理します。

近代以降の「自分らしいあり方」に関して
「承認の不安が生じてきた」
⇔ 対立関係
近代以前の「キリスト教の価値観が浸透した社会」における
「神を信仰する敬虔な態度」に関して
「承認不安は生じない」

空所は「近代以前」の社会に関する内容だと考えて解答を選びましょう。

ステップ3 解答を決定する

以上より、解答は①「いかに苦しい生活を強いられていても」となります。近代以前の「キリスト教の価値観が浸透した社会」での状況を説明しているのはこの選択肢です。

〈その他の選択肢〉

② 宗教的信仰がゆらいだならば
「キリスト教の価値観が浸透した社会」に反する

③ 平和を望む他者に囲まれているため
「近代」以前の社会の説明にない（無関係）

④ 多彩な価値観が根底にあるため
「キリスト教の価値観が浸透した社会」に反する

⑤ 先進的な思考パターンのなかにいるため
「近代」以降の説明

問4 空所補充問題 難易度★★★

≫ルール44 →14ページ

ステップ1 空所を含む一文を分析する

［こうして］、［D］、〈他者から直接承認を得たいという欲望が〉強くなる。

「こうして」という接続表現で前文とつながっています。前に解答の根拠があるのではないかと考えましょう。

また、空所の後ろは「他者から直接承認を得たいという欲望が強くなる」とあるので、そこにつながる内容が入ることがわかります。

ステップ2 解答の根拠をとらえる

［8］ ［しかし］、社会共通の価値観が存在しなければ、人間は他者の承認を意識せざるを得なくなる。誰でも自分の信じていた価値観や信念、信仰がゆらげば、自分の行為は正しいのか否か、近くにいる人に聞いてみたくなるものだ。自己価値を測る規準が見えなくなり、他者の承認によって価値の有無を確認しようとする。

← 因果関係（帰結）

［こうして］、［D］、〈他者から直接承認を得たいという欲望が〉強くなる。

次のような因果関係になることを意識して解答を選びましょう。

「社会共通の価値観が存在しない」

←

「自己価値を測る規準が見えなくなる」

←

「他者の承認によって価値の有無を確認しようとする」

←

「他者から直接承認を得たいという欲望が強くなる」

ステップ3 解答を決定する

以上より、解答は③「もともと根底にあった承認欲望が前面に露呈し」となります。前後の内容と順当につながります。

〈その他の選択肢〉

① 当初は承認されていなかった欲望が急激に増幅し

「承認される／されない」ものは「欲望」ではなく「価値」

② はじめは存在しなかった承認欲望が徐々に消滅し
空所の直後の「強くなる」と矛盾

④ 一度は消滅した承認が他者を介して再度あらわれ
あらわれるのは「承認」ではなく「欲望」

⑤ 何度も消えかかった既存の価値観が再び作用する形で
「既存の価値観」が作用すると「承認の欲望」はなくなる

≫ルール53 解法 選択肢の検討では「文の構造」にも注意する！

選択肢を検討するときは、本文と比べて「主語（部）」「述語（部）」の対応が合っているか、「修飾語（部）」のかかり方が正しいかをチェックしましょう。語句レベルでは合っているように見えても、語句と語句のつながり方がおかしいという誤答パターンは頻出です。

④は本文と「主語（部）」が異なります。

本文　「欲望が ― 強くなる」
選択肢③「承認欲望が ― 前面に露呈し」…本文と一致
選択肢④「承認が ― あらわれ」…………本文と不一致

問5 空所補充問題 難易度★

≫ルール44→14ページ

ステップ1 空所を含む一文を分析する

〈社会に共通する価値規準は〉崩壊し、〈価値観は〉 E しているため、〈自己価値を測る価値規準が〉見出せない。

三つの内容が「因果関係」でつながっていることがわかります。この「因果関係」をもとにして、解答を選びましょう。

ステップ2 解答の根拠をとらえる

9 〈社会に共通する価値規準は〉崩壊し、
← 因果関係
〈価値観は〉 E しているため、
← 因果関係（帰結）
〈自己価値を測る価値規準が〉見出せない。

「社会に共通する価値規準」がなくなったら、「価値観」はどうなるかを考えてみましょう。社会に「共通しない」価値観がある状態、つまり「様々な」価値観が同時に存在する状態になることがわかれば、解答することができます。

「社会に共通する価値規準は崩壊」

←

「様々な価値観が同時に存在する」

ステップ3　解答を決定する

以上より、解答は②「多様化」となります。「社会に共通する価値規準は崩壊」とつながる内容はこれです。

①「単純化」④「固定化」⑤「普遍化」はそれぞれ一つの「社会に共通する価値規準」になることを表してしまうので、「崩壊」とつながりません。③「社会化」も「社会に共通のものになる」という意味にとれてしまうので誤りです。

問6　空所補充問題　難易度★★

≫ルール44→14ページ

ステップ1　空所を含む一文を分析する

［そのため］、［F］すがるよりほかに〈術《すべ》が〉ないのだ。

「そのため」という接続表現で前とつながっていることがわかります。前に解答の根拠を求めましょう。

ステップ2　解答の根拠をとらえる

9 〈現代社会［は］〉まさに［このような］時代である。

⊂ 包摂関係（具体例）

（〈宗教的信仰は〉大きくゆらぎ、〈政治的イデオロギーへの信頼［も］〉失墜し、〈文化的慣習［も］〉流動的になっている。）

⊃ 包摂関係（一般化）

〈社会に共通する価値規準は〉崩壊し、〈価値観は〉［E（多様化）］している［ため］、〈自己価値を測る価値規準が〉見出せない。

＋ 付加

［一方で］、〈自分らしく生きるべきだ、という考え方［も］〉広まっているが、なかなか「自分はこれでいい」と思えない。

← 因果関係（帰結）

［そのため］、［F］すがるよりほかに〈術が〉ないのだ。

← まとめ

10 現在、身近な他者の承認が強く求められるようになり、承認不安による「空虚な承認ゲーム」が蔓延《まんえん》している［背景］には、〈［こうした］社会状況の変化が〉ある。

9段落の内容を10段落がまとめていますので、対応させて考えましょう。「社会に共通する価値規準は崩壊し、価値観は「E（多様化）しているため、自己価値を測る価値規準が見出せない」「自分らしく生きるべきだ、という考え方も広まっているが、なかなか『自分はこれでいい』と思えない」が「社会状況の変化」とまとめられています。とすると、F すがるよりほかに術がない」は「身近な他者の承認が強く求められるようになり、承認不安による『空虚な承認ゲーム』が蔓延している」と重なります。ちなみに「背景」という語句は「因果関係」を表すときに用いられるので、こちらも「そのため」と重なります。

≫ ルール12 読解
「因果関係」は表現で見抜く！

本文でも選択肢でも「因果関係」を表す表現は解答のポイントとなります。選択肢の「因果関係」は本文にきちんと書かれているか、原因と結果が逆になっていないか、本文にない因果関係が選択肢で述べられていないかに注意しましょう。

・「因果関係」を表す表現

①「帰結」の接続表現
□だから □したがって □それゆえ □ゆえに
□よって □そのため □そこで □こうして
□そして

②「理由」の接続表現
□なぜなら □というのも

③「因果」のフレーム
□AだからB □AなのでB
□AによってB □AのためB

④「原因」を表す表現
□背景 □起因 □起源 □根源 □契機
□由来 □端緒

⑤「結果」を表す表現
□影響 □所産

「F すがるよりほかに術がない」
＝
「身近な他者の承認が強く求められるようになり、承認不安による『空虚な承認ゲーム』が蔓延している」

ステップ3 解答を決定する

以上より、解答は④「身近にいる他者の直接的な承認に」となります。

〈その他の選択肢〉

① 固定化した個人の役割に
共通した価値観が社会に浸透している近代以前の内容のため×

② 結局は中世の宗教的信仰に
「他者の承認」「承認ゲーム」につながらない

③ あらゆる社会に共通して存在する伝統的な価値観に
「他者の承認」「承認ゲーム」につながらない

⑤ 他者を介さない本当の自分らしさに
「なかなか『自分はこれでいい』と思えない」と矛盾

Lesson 2

解答・解説

▼問題 別冊 11ページ

このレッスンで出てくるルール

ルール23 読解 「疑問文」の「答え」は「筆者の主張」と考える！
ルール16 読解 「具体例」前後の「筆者の主張」を見抜く！
ルール4 読解 「対立関係」を整理して「主張」や「重要な情報」をとらえる！ ⇒問4
ルール24 読解 「話題の転換」は「意味段落」のヒントと考える！
ルール52 解法 「指示語」は必ず「指示対象」を確認する！ ⇒問2
ルール13 読解 「ある事柄」が成立するための「条件」に注目する！ ⇒問3
ルール47 解法 内容真偽問題は「解答へのステップ」で解く！ ⇒問5

解答

問1 賛否両論　問2 踊る　問3 イ 背景　ウ 共感
問4 ②　問5 a ○　b ○　c ×　d ○　e ×

出典：殿村《とのむら》美樹《みき》『ブームをつくる　人がみずから動く仕組み』

意味段落Ⅰ「現代日本の『ブランド』とはどのようなものか」

1 ブランドという言葉が一般に日本で使われるようになったのは、（具体例 ルイ・ヴィトンやエルメス**など**）ヨーロッパで古くから貴族を相手に商売をおこなってきて、次第にブルジョアから一般市民層にまで顧客を拡大してきた老舗メーカーが日本に進出してきた一九七〇年代後半からでしょう。（具体例 エルメスが日本に初の直営店をオープンしたのは一九七八年、ルイ・ヴィトンの日本進出も同年です。）**いっぽう**、一九九〇年代のインターネットの黎明《れいめい》期には「ノン・ブランドこそが時代の最先端」ということが盛んに言われ、また信じられてもいました。これは、人々がマスメディアの情報を信じられなくなり「インターネット上で、みんなが賛同しているものこそが本当にいいものだ」と考えていた状況です。

2 **では**、現代の日本で求められる「ブランド」とは、どのようなものでしょう。（ルール23 問題提起）→ 答え　意味段落Ⅲ

意味段落Ⅱ「現代は『物語』を消費する時代」

3 「物語消費」という言葉をご存知でしょうか？（ルール23 問題提起）

≫ルール23 読解　「疑問文」の「答え」は「筆者の主張」と考える！

論理的文章において「疑問文」は「問題提起」の働きをします。読者にあえて疑問を投げかけることによって注意をうながして、「筆者の主張」に導きます。「問題提起」を発見したら、その「答え」を探しましょう。直後にくる場合もありますが、かなり後ろの方にくる場合もありますので、忘れないように「疑問文」にはチェックを付けておきましょう。

「問題提起」のフレーム

□「疑問文」＝「問題提起」
↓
□「答え」＝「筆者の主張」

4 これは、批評家の大塚英志さんが『物語消費論』という本のなかで「シルバニアファミリー」「ビックリマンチョコ」などの例を挙げながら（いずれもストーリー性を重視したPR展開をしていました）、一九八〇年代以降に見られる消費形態を考察して名づけたものです。答え（消費者は、商品自体を消費するのではなく、商品を通じ、それがつくられた背景や設定、世界観というものを消費しているという考え方です。）具体例（テレビのCMでドラマ仕立ての冒頭部分だけを放映し「続きはウェブで」と自社のホームページに誘導する広告手法も、この「物語消費」のひとつの表れと言えるでしょう。）

5 主張【私は、東日本大震災以降の日本では、さらに「物語消費」の傾向が強まっていると考えています。】

6 ルール16 具体例（そのひとつとして、「動画PRブーム」があります。動画を使ったPRは、東日本大震災以降、爆発的に普及しました。二〇一一年、東日本大震災から半年後にうどん県の動画が注目されたのもそのひとつですが、その後、一気に動画PRブームが巻き起こったのです。

7 これは東日本大震災からの復興を祈るメッセージを、国内外の著名人がインターネット動画で表現したことが影響していると私は考えています。強いショックを癒《いや》すには、写真や言葉では物足りなかったのでしょう。動画という物語で表すことが、東日本大震災に傷ついた日本社会に受け入れられたのです。

≫ ルール16 読解
「具体例」前後の「筆者の主張」を見抜く！

筆者は「主張」をわかりやすくするために「具体例」を挙げます。「具体例」の目印となる表現がいくつかあるので、覚えておくと良いでしょう。また、「具体例」の前後にある「筆者の主張」をとらえましょう。

「具体例」を表す表現
- □たとえば　□…など
- □…のひとつ

8 二〇一四年には「アイス・バケツ・チャレンジ」という運動がアメリカで始まり、日本でも一気に拡大しました。これは、筋萎《い》縮《しゅく》性側索硬化症（ALS）の研究を支援するため、バケツに入った氷水を頭からかぶるか、ALS協会に寄付をするかというもので、著名人が多く参加し、フェイスブックなどのソーシャルメディアや動画共有サイトのユーチューブなどを通して社会現象化しました。[A]ありましたが、ALSという病気への理解を得るという点では、非常に成功したPRと言えます。

9 **また**、動画PRブームは、それまで想像すらできなかった分野にも拡がっていきました。二〇一三年にはAKB48のヒット曲「恋するフォーチュンクッキー」に合わせて踊る「恋チュン動画」が「〝恋チュン〟踊れば、嫌なことも忘れられる」というキャッチコピーのもとで大ブレイクし、ファンだけでなく学校も企業も、自治体や知事や市長までもが恋チュンを踊って動画投稿することが当たり前になりました。これも、「聴く」側を、「歌う」側、「[B]」側にさせることで、より宣伝効果を高めるもので、大変成功したPR例でしょう。）

10 動画は、その商品の背景や世界観という物語を明確に伝えることができます。ルール4 譲歩 （物語消費に頼った傾向については、PRの効果という視点から離れて ア 倫理的に考えた場合、是非が分かれます。「人間の好奇心につけ込み、消費を促すあくどい方法」と捉える方もいると思います。）**しかし**、PRの効果だけを考えるなら、この消費者の傾向を

≫ ルール4 読解

「対立関係」（譲歩）を整理して「主張」や「重要な情報」をとらえる！

「確かに」「もちろん」などの表現がなくても**「譲歩」のフレーム**（→10ページ）が使われる場合もあります。「しかし」などの逆接の接続表現に注意して、「譲歩」を見抜き、「主張」をとらえましょう。

無視できないのが現実です。そして、私は、人々が求めるストーリーとは「その商品がどのようにつくられたか」といった背景や理念を表現する企業からのメッセージだと考えています。もちろん、販売側が勝手にデッチ上げたストーリーであってはなりません。そもそも、ウソのストーリーは情報慣れした現代の日本人にはすぐに見破られてしまいます。

意味段落Ⅲ 「現代の『ブランド』に求められる二つの条件」

11 ルール23 問題提起 現在、求められるブランドとは何か。答え（それは「信頼に値するもの」と同義でしょう。）

ルール24 では、問題提起 インターネットの情報も信頼が揺らいだ現状で、人々はどこに価値を見出すのでしょうか？ 答え（それは本物の、心に響くストーリーです。）そして、それはマスメディアにもインターネットにもつくることができないもの。本物のストーリーは、歴史や風土といった「（ イ ）」があってはじめて醸成されるものなのです。

12 具体例（たとえば、全国区のマスメディアや都市部に生活する人たちからは注目されることの少ない地方にも当然、独自の歴史や風土があります。また、目立たない商品をつくり続ける中小・零細企業にも、地道にコツコツと仕事を続けているなら、そこには必ずストーリーが隠されています。）私たちPRの専門家が本当になすべき仕事は、まったく新しい価値を［ C ］することではなく、すでに存在している価値を見出し

ルール24 読解 「話題の転換」は「意味段落」のヒントと考える！

文章は複数の「話題」から成り立っています。「話題の転換」の接続表現に注目して「話題」を読み取りましょう。これが「意味段落分け」をするときにとても役に立ちます。

「話題の転換」の接続表現
- □さて
- □では
- □ところで
- □閑話休題

ルール23 読解 「疑問文」の「答え」は「筆者の主張」と考える！

問題提起

・現代の日本で求められる「ブランド」とは、どのようなものでしょう

＝

て新しい価値に変換することです。

13 そして、主張【いまの社会でブランドとして価値をもつためには「信頼」のほかに、もうひとつ重要な条件が求められます。答え（それは「（　ウ　）」です。）】ルール16 具体例（たとえば、大手メーカーが展開するテレビCMを例にすると、二〇〇〇年代ごろまでは商品の性能や品質をアピールするものが主流でした。しかし、いまの消費者にとって性能や品質は「よくて当たり前」なのです。つまり、それだけではブランドとして認めてもらえない。そこで、最近のテレビCMの傾向として「その商品がどうやって生まれたのか？」というストーリーを語るものが増えてきました。）ストーリーには歴史や風土などの背景が必要なことはすでに述べましたが、情報の受け手を共感させてこそ、ブランドの条件「心に響くストーリー」が生まれるのです。

・現在、求められるブランドとは何か意味段落Ⅰで示された問題提起が意味段落Ⅲで繰り返されています。

答え

・「信頼に値するもの」
・受け手を「共感」させる「心に響くストーリー」をもつもの

読解マップ

意味段落Ⅰ「現代日本の『ブランド』とはどのようなものか」（1〜2）

「ブランド」という言葉が一般に日本で使われるようになったのは一九七〇年代後半からだが、一九九〇年代には「ノン・ブランドこそが時代の最先端」と考えられるようになった

問題提起

現代の日本で求められる「ブランド」とは、どのようなものか

意味段落Ⅱ「現代は『物語』を消費する時代」（3〜10）

「物語消費」とは

消費者は、商品自体を消費するのではなく、商品を通じ、それがつくられた背景や設定、世界観というものを消費しているという考え方

↓

東日本大震災以降の日本では、さらに「物語消費」の傾向が強まっている

本文要約

現代日本で求められる「ブランド」とは何か。現代の消費者は商品自体ではなく商品を通じそれがつくられた背景や設定や世界観を消費している。「ブランド」には「信頼」が必要だが、マスメディアやインターネットの情報への信頼が揺らぎ「物語消費」の傾向が強まる中で人々の信頼につながるのは「心に響くストーリー」である。歴史や風土といった背景をもち、情報の受け手を「共感」させる「心に響くストーリー」が現代の「ブランド」の条件となる。

重要語句

□2ブルジョア＝資本主義社会における資本家。俗に金持ちのこと
□3老舗《しにせ》＝代々同じ商売を続けている、由緒正しい店

意味段落Ⅲ「現代の『ブランド』に求められる二つの条件」（11～13）

問題提起の答え

「現在、求められるブランド」＝「信頼に値するもの」

↑

「情報」への信頼が揺らぎ「物語消費」の傾向が強まる中で価値をもつのは「心に響くストーリー」

ブランドとして価値をもつために必要な条件

① **「信頼」**

② **「共感」**

歴史や風土といった背景から醸成され、情報の受け手を「共感」させる「心に響くストーリー」が「信頼」につながる

□ 6 黎明期《れいめいき》→12ページ

□ 43 倫理的《りんりてき》＝人として守るべき道に則《のっと》って行動するさま

□ 44 是非《ぜひ》＝ものごとのよいことと悪いことの判断

□ 51 同義《どうぎ》＝同じ意味・意義

□ 55 醸成《じょうせい》＝つくりだすこと。かもしだすこと

問1　空所補充問題　難易度★

≫ルール44→14ページ

ステップ1　空所を含む一文を分析する

省略された主語
〈「アイス・バケツ・チャレンジ」は〉［A］ありましたが、ALSという病気への理解を得るという点では、非常に成功したPRと言えます。

空所Aを含む一文の主語は、前文の「アイス・バケツ・チャレンジ」だと読み取れましたか。その「アイス・バケツ・チャレンジ」は「非常に成功したPR」であったと言及する一方、「［A］ありましたが」と前置きを述べていることをふまえて、空所の内容を考えてみましょう。

ステップ2　解答の根拠をとらえる

設問にある通り波線部アを参照しましょう。

10 ……物語消費に頼った傾向については、PRの効果という視点から離れて ア倫理的に考えた場合、是非が分かれます。

設問の指示は、波線部の内容と同じような意味合いの漢字四字の言葉（四字熟語）を考えなさいということです。「是非が分かれる」、すなわち良い悪いの判断が分かれるという意味の四字熟語を考えましょう。

ステップ3　解答を決定する

以上より、解答は「賛否両論」となります。

問2　空所補充問題　難易度★

≫ルール44→14ページ

ステップ1　空所を含む一文を分析する

主語
〈これも〉、「聴く」側を、「歌う」側、「［B］」側にさせることで、より宣伝効果を高めるもので、大変成功したPR例でしょう。

主語である指示語「これ」の指示内容をとらえましょう。

≫ルール52 解法
「指示語」は必ず「指示対象」を確認する！

傍線部や空所を含む一文に「指示語」があったら、その指示対象が解答の根拠となる場合が多いです。必ず「指示対象」を確認しましょう。

また、基本的には**指示対象は「前」**にありますが、指示対象をとらえる**「ヒント」は「後」**にあります。このことも覚えておくと、より指示対象がとらえやすくなります。

ステップ2 解答の根拠をとらえる

指示語の後にある「大変成功したPR例」というヒントを参考にしながら前文を確かめましょう。

9 ……二〇一三年には〈AKB48のヒット曲「恋するフォーチュンクッキー」に合わせて踊る「恋チュン動画」が〉「〝恋チュン〟踊れば、嫌なことも忘れられる」というキャッチコピーのもとで大ブレイクし、〈ファンだけでなく学校も企業も、自治体や知事や市長までもが恋チュンを踊って動画投稿することが〉当たり前になりました。〈これも〉……

指示対象は前文の主部「AKB48のヒット曲『恋するフォーチュンクッキー』に合わせて踊る『恋チュン動画』が」だとわかります。これが、「聴く」側が「踊る」側となり、動画を投稿したものだとわかれば解答することができます。

「これ」
＝「恋チュン動画」
＝「聴く」側が「踊る」側となり、動画を投稿したもの

ステップ3 解答を決定する

以上より、解答は「踊る」となります。

問3 空所補充問題 難易度★★ ≫ルール44→14ページ

ステップ1 空所を含む一文を分析する

主部 〈本物のストーリーは〉、歴史や風土といった「（ イ ）」があってはじめて醸成されるものなのです。

そして、いまの社会でブランドとして価値をもつためには「信頼」のほかに、〈もうひとつ重要な条件が〉求められます。〈（主語）それは〉「（　**ウ**　）」です。

空所**イ**を含む一文では、「BがあってはじめてA」という**「条件法」のフレーム**が使われています。ですから、「本物のストーリー」であるための「条件」をとらえましょう。

空所**ウ**を含む一文では、主語の一部である指示語「それ」の指示対象は「もうひとつ重要な条件」だとわかります。こちらも「条件」なので、「ブランドとして価値をもつため」に必要な「条件」を求めましょう。

≫ ルール13 読解
「ある事柄」が成立するための「条件」に注目する！

「ある事柄」が成立するための「条件」を説明する文章がよく出題されます。「ある事柄」にとって求められる「条件」を的確にとらえるために、**「条件法」のフレーム**に注意しましょう。

「条件法」のフレーム

- □AのためにはBが必要だ。
- □Bがあって、はじめてAだ。
- □Bがあってこそ、Aだ。
- □Bのとき（のみ）、Aだ。

これらの形は全て「A（ある事柄）」が成立するために、「B（条件）」が必要であるということを表しています。

特に、ある事柄の条件が二つ説明されている場合には、基本的に、ある事柄が成り立つためには二つの条件を両方とも満たす必要があります。仮にどちらか片方の条件を満たしても、どちらか片方の条件が欠けたらある事柄は成り立たないということを覚えておきましょう。

ステップ2 解答の根拠をとらえる

13 ……〈それは〉「（　**ウ**　）」です。（たとえば……）ストーリーには歴史や風土などの背景が必要なことはすでに述べましたが、情報の受け手を共感させてこそ、ブランドの条件「心に響くストーリー」が生まれるのです。

空所**ウ**も、空所**イ**と同じく「ストーリー」に関わる条件であることが読み取れます。「ブランドとして価値をもつ」こと＝「心に響くストーリー」をもつことです。

「条件法」のフレームに沿って⑬段落の内容を整理しましょう。

A「ストーリー」にはB「歴史や風土などの背景」が必要

B「情報の受け手を共感」させてこそA「心に響くストーリー」が生まれる

ステップ3　解答を決定する

以上より、解答は**イ**「背景」、**ウ**「共感」となります。

問4　空所補充問題　難易度★★

≫ルール44→14ページ

ステップ1　空所を含む一文を分析する

（主部）〈私たちPRの専門家が本当になすべき仕事は〉、まったく新しい価値を［C］することではなく、すでに存在している価値を見出して新しい価値に変換することです。

「Aではなく、B」という**「否定」のフレーム**（→10ページ）が使われています。これは「対立関係」を表す形でした。

≫ルール4　読解
「対立関係」（否定）を整理して「主張」や「重要な情報」をとらえる！
→10ページ

ステップ2　解答の根拠をとらえる

ステップ1で見た空所を含む一文から、どのような「対立関係」が読み取れるか整理しましょう。

「まったく新しい価値を［C］すること」

⇔ 対立関係（否定）

「すでに存在している価値を見出して新しい価値に変換すること」

ステップ3　解答を決定する

以上より、解答は②「創造」となります。「創造」とは「新しくつくり出すこと」という意味なので、「まったく新しい価値を」という部分と一致します。さらに「すでに存在している価値を……変換すること」という内容は、「創造」することと対立関係ととらえることができるので、この点でも一致します。

①「精製」は「混合物を純度の高い物質にすること」、③「製造」は「原料を加工して製品にすること」、④「想像」は「心の中で思い描くこと」、⑤「制作」は「(主に芸術作品を)作ること」という意味です。いずれも「まったく新しい価値を」に合わず、「すでに存在している価値を……変換すること」とも対立関係とはならず、不適切だと判断できます。

問5 内容真偽問題　難易度★★

≫ルール47　解法　内容真偽問題は「解答へのステップ」で解く！

内容真偽問題の解答へのステップ

ステップ1　本文を通読し、意味段落分けをする

意味段落に分けることによって、選択肢吟味の際に選択肢に関連する部分とそのまとまりが見つかりやすくなります。

ステップ2　選択肢を分析する

「主語（部）」や「指示語」、「接続表現」などを押さえます。

ステップ3　解答の根拠をとらえる

ステップ2で分析した内容を手がかりに本文の対応する箇所を探し、内容が一致しているか確かめます。

ステップ4　解答を決定する

ステップ3でとらえた根拠をもとに解答を決めます。

ステップ1　本文を通読し、意味段落分けをする

「**本文解説**」参照

ステップ2　選択肢を分析する（a）

a 主語〈動画PRブームは〉東日本大震災以降、爆発的に普及した。写真や言葉で言い尽くすことができないメッセージを動画という物語で表現したと考えられる。

ステップ3　解答の根拠をとらえる（a）

「動画PRブーム」に関する説明は、意味段落Ⅱにあります。

6 具体例（そのひとつとして、「動画ＰＲブーム」があります。動画を使ったＰＲは、東日本大震災以降、爆発的に普及しました。……）

7 ……強いショックを癒《いや》すには、写真や言葉では物足りなかったのでしょう。動画という物語で表すことが、東日本大震災に傷ついた日本社会に受け入れられたのです。

aの内容は本文と一致していることがわかります。

ステップ2 選択肢を分析する（b）

b 現在、〈ブランドの価値の一つは〉主部 マスメディアやインターネットにも作ることのできない本物のストーリーにある「信頼」である。

ステップ3 解答の根拠をとらえる（b）

「ブランドの価値」や「信頼」に関する説明は、意味段落Ⅲにあります。

11 現在、求められるブランドとは何か。それは「信頼に値するもの」と同義でしょう。では、インターネットの情報も信頼が揺らいだ現状で、人々はどこに価値を見出すのでしょうか？ それは本物の、心に響くストーリーです。そして、それはマスメディアにもインターネットにもつくることができないもの。

bの内容は本文と一致していることがわかります。

ステップ2 選択肢を分析する（c）

c 一九九〇年代、インターネット上で皆が賛同しているノン・ブランドが時代の最先端であると〈マスメディアは〉主語 報じていた。

ステップ3 解答の根拠をとらえる（c）

「一九九〇年代」「マスメディア」に関する説明は、意味段落Ⅰにあります。

1 ……いっぽう、一九九〇年代のインターネットの黎明《れいめい》期には「ノン・ブランドこそが時代の最先端」ということが盛んに言われ、また信じられてもいました。これは、人々がマスメディアの情報を信じられなくなり「インターネット上で、みんなが賛同しているものこそが本当にいいものだ」と考えていた状況です。

「ノン・ブランドこそが時代の最先端」は人々がマスメディアの情報を信じられなくなった結果、言われていたことなので、**c**の「マスメディアは報じていた」の部分は誤りだとわかります。

ステップ2　選択肢を分析する（d）

d　大手メーカーのテレビCMでは、二〇〇〇年代頃まで商品そのものをアピールし、消費者にブランドとして認めてもらう傾向があった。

ステップ3　解答の根拠をとらえる（d）

「大手メーカーのテレビCM」の状況は、意味段落Ⅲで説明されていました。

13 ……具体例（たとえば、大手メーカーが展開するテレビCMを例にすると、二〇〇〇年代ごろまでは商品の性能や品質をアピールするものが主流でした。しかし、いまの消費者にとって性能や品質は「よくて当たり前」なのです。つまり、それだけではブランドとして認めてもらえない。）

「しかし」以降の内容を逆にとらえると、二〇〇〇年代ごろまでは商品そのもののアピールでブランドとして認められていたといえます。

dの内容は本文と一致していることがわかります。

ステップ2　選択肢を分析する（e）

e　「シルバニアファミリー」の世界観を明確に伝えるため企業は動画を作成する。このような消費形態を「物語消費」という。

ステップ3　解答の根拠をとらえる（e）

「物語消費」という言葉を説明している箇所を探してみましょう。4段落の15行目で「消費者は、商品自体を消費するのではなく、商品を通じ、それがつくられた背景や設定、世界観というものを消費しているという考え方」が「物語消費」

だと説明しています。その一つ前の文でも、ストーリー性を重視したPR展開の一例としてシルバニアファミリーを挙げています。この流れで見ると、この選択肢は正しいように思えますが、「……企業は動画を作成する。このような消費形態を『物語消費』という。」のつながりに注意しましょう。「物語消費」は消費者の形態であって、「動画を作成する」企業側の形態ではありません。ここでは二つの文のつながりがおかしいため、誤りだと判断できます。

ステップ4　解答を決定する

以上より、解答は**a**—○、**b**—○、**c**—×、**d**—○、**e**—×となります。

Lesson 3

解答・解説

▼問題 別冊19ページ

このレッスンで出てくるルール

ルール4 読解 「対立関係」を整理して「主張」や「重要な情報」をとらえる！
ルール9 読解 「並列関係」は並べる事柄とその対応を整理する！
ルール14 読解 「主張」に伴う「根拠」を意識する！
ルール42 解法 具体例を挙げる問題は「解答へのステップ」で解く！ ⇒問2
ルール41 解法 傍線部内容説明問題は「解答へのステップ」で解く！ ⇒問5

解答

問1 ④　問2 ⑤　問3 ①　問4 ⑤
問5 ⑤　問6 ④

出典：野《の》矢《や》茂樹《しげき》『語りえぬものを語る』

意味段落Ⅰ「『未知』には二種類ある」

1 譲歩（ときにこんな台詞を耳にすることがある。「まだ地球には人類の知らない謎がたくさんある。」**なるほど**そうだろう。）**しかし**、どうして「未知」があると分かるのだろう。（具体例 **例えば**「まだ人類に知られていない昆虫はたくさんいる」と言われる。冷静に考えるとこの発言はナンセンスである。未知の昆虫は未知なのであるから、たくさんいるかどうかも未知であるに違いない。**例えば**「未知の鳥類があと二三〇種存在していることが知られている」と書けば、そのナンセンスは明らかだろう。）こうした未知**もまた**、現在形でその存在を断言することはできず、［ イ ］に到達して初めて、これまでの未知を「未知であった」と過去形で語れるのである。

2 ルール4 **しかし**、すべての未知がそう**ではない**。現在形で語れる未知**も**ある。（具体例 **例えば**、現在北海道全域に何頭のヒグマがいるのか、われわれはその正確な数を知らない。ここにはまちがいなくわれわれの知らないことがある。**そして**その未知を現在形で語ることができる。**あるいは**邪馬台国がどこにあったのか、われわれはまだ知らない。）**こうした**未知は「われわれは……を知らない」と現在形で語れるのである。

意味段落Ⅱ「二種類の未知の違い」

ルール4 読解
「対立関係」（差異）を整理して「主張」や「重要な情報」をとらえる！

ある事柄を説明するときは、反対の内容と比較することでわかりやすくなります。今回は「差異（＝異なる点）」を説明しているので、二つの事柄の違いを理解して、主張をとらえましょう。

「差異」のフレーム

□AはXであるのに対し、BはYである。

□一方では、AはXである。他方では、BはYである。

二種類の未知

①現在形では語れない未知
存在しているかどうかの未知

⇔ **対立関係（差異）**

②現在形で語れる未知
存在した数や場所についての未知

3 では、現在形で語れる未知と現在形では語れない未知の違いはどこにあるのだろうか。それは、ひとことで言えば、それを知ることによって論理空間が拡大するかどうかの違いである。（a）未知の概念を知ることは論理空間を拡大させる。それゆえ未知の概念の存在を、いまの論理空間のもとで語り出すことはできない。新種の昆虫を発見するということも、つまりは新たな概念がそこで形成されるということにほかならない。（具体例（現在形では語れない未知）例えば、「カカトアルキ」という和名がつけられたナナフシにも似た昆虫は二〇〇二年に新種として認定されたものであるが、それによってわれわれの論理空間には「カカトアルキ」なる概念が新たに加わったのである。）

4 （具体例（現在形で語れる未知）他方、北海道全域にヒグマがいるということはわれわれの論理空間に含まれている。そして、ヒグマがいるからには、それは現在においてある確定した頭数であらねばならない。ただ、その実際の数値を、われわれは知らないのである。そこで、がんばって調査をして現在の頭数を正確に知りえたとしても、それによって論理空間が拡大されることはない。邪馬台国の場所についても同様である。邪馬台国があったということはわれわれの論理空間に含まれている。そしてあったからには日本のどこかにあったに違いない。将来研究が進んでその場所が特定できたとしても、それによって論理空間が拡大されるわけではない。）このような場合には、その未知は ロ 。

意味段落Ⅲ 「現在形では語れない未知は『存在論的未知』である」

5 さて、そのように見ると、現在形で語ることのできない未知は、新たな概念を知るという場合だけではないことになる。（論理空間を構成する礎石は、概念と個体であった。）だとすれば、新たな個体を知ることも、論理空間を拡大する。それゆえ、（b）未知の個体の存在もまた、現在形では語れないのである。（とはいえ、これは多少われわれの実感に合わないところがあるかもしれない。（例えば、「海にはまだわれわれが出会ったことのないクジラがいる」と主張したとする。これは新種のクジラがいるという意味ではない。われわれが出会ったことのないクジラ個体がいるというのである。そして、われわれはこの主張をあたりまえのことと感じるだろう。））だが、（c）ここまでの議論に即して潔癖に考えるならば、これもまたナンセンスなのである。（出会ったことのないクジラ個体がいるということがどうして分かるのか。出会ったことがないのに。それゆえ、われわれに言えるのは「出会ったことがないクジラがいるだろう」という推量であり、そしてまた「いままで出会ったことのないクジラに出会った」という過去形の主張でしかない。）

6 そこで、【概念と個体の存在についての未知を、いささか仰々しいが「存在論的未知」と呼ぶことにしたい。】（現在形で語ることのできない未知は、論理空間の拡大に関わる未知である。そして論理空間の拡大は新たな概念と個体を知ることによってもたらされる。）すなわち、現在形で語ることのできない未知とは、存在論的未知のことにほかならない。

≫ルール9 読解

「並列関係」は並べる事柄とその対応を整理する！

「並列関係」にある事柄は「反対のもの」である場合もあれば、「似たようなもの」である場合もあります。まずは何と何が「並列関係」になっているのかをとらえましょう。

「並列関係」を表す表現

①「並列・累加・添加」の接続表現

□また　□かつ　□なお

□及び　□さらに　□しかも

□その上　□加えて

②「並列・累加・添加」のフレーム

□AだけでなくＢ／のみならずBも（また）

□Aつつ／ながら／と同時に／とともにB

≫ルール14 読解

「主張」に伴う「根拠」を意識する！

→9ページ

読解マップ

意味段落Ⅰ　「『未知』には二種類ある」（1～2）

①現在形では語れない未知

・存在しているかどうかの未知

→「われわれの知らない……がある／いる」と現在形で語ることはできない

⇔　**対立関係（差異）**

②現在形で語れる未知

・（存在したことは知ったうえで）その数や場所についての未知

→「われわれは……を知らない」と現在形で語れる

意味段落Ⅱ　「二種類の未知の違い」（3～4）

①現在形では語れない未知

・それを知ることによって論理空間が拡大する

⇔　**対立関係（差異）**

②現在形で語れる未知

・それを知っても論理空間は拡大しない

本文要約

「未知」には現在形で語れる未知と現在形では語れない未知がある。現在形で語れる未知は、それを知っても論理空間が拡大しないのに対し、現在形では語れない未知は、それを知ることで論理空間が拡大する。また、論理空間を構成する礎石は概念と個体なので、現在形では語れない未知を知るというのは、新たな概念を知る場合と、新たな個体を知る場合がある。概念と個体の存在についての未知を「存在論的未知」と呼ぶことにしたい。

重要語句

□4ナンセンス＝ばかげていること。無意味なこと

□15論理《ろんり》＝考えや議論などを進めていく筋道

□16概念《がいねん》＝あるものごとがどういうことかを言葉で示したもの

意味段落Ⅲ「現在形では語れない未知は『存在論的未知』である」（5～6）

現在形では語れない未知（＝論理空間を拡大させる）

論理空間を構成する礎石は「概念」と「個体」である

←

「論理空間を拡大する」のには、二つの場合がある

①新たな概念を知る

②新たな個体を知る

― 並列関係

「概念」と「個体」の存在についての未知を「存在論的未知」と呼ぶことにしたい

←

現在形で語ることのできない未知とは「存在論的未知」である

□31 礎石《そせき》＝ものごとの基礎となるもの

□43 仰々《ぎょうぎょう》しい＝おおげさであるさま

□43 存在論《そんざいろん》＝あらゆる存在に対して、それが存在するとはどういうことかを考察する哲学の一分野

設問解説

問1 空所補充問題 難易度★

»ルール44 ↓14ページ

ステップ1 空所を含む一文を分析する

〈こうした未知も〉《主部》また、現在形でその存在を断言することはできず、［イ］に到達して［初めて］、これまでの未知を「未知であった」と過去形で語れるのである。

「Bして初めてA」という**「条件法」のフレーム**（↓34ページ）が使われています。

ステップ2 解答の根拠をとらえる

空所を含む一文から、

条件 ［イ］**に到達する**

↓

結果 「未知であった」と過去形で語れる

という形になることがわかります。「未知」を「であった」と過去形にしているため、［イ］には**「現在はもう『未知ではない』」**という内容が入ると考えられます。

ステップ3 解答を決定する

以上より、解答は④「既知」となります。「既知」とは「すでに知っていること」という意味で「未知」の対義語です。

①「無知」は「知らないこと」という意味ですが、「未知」とほぼ同じ意味になるため、誤りです。②「感知」は「感じて知ること」という意味ですが、昆虫の存在を知ることは「感じる」ことではないので、誤りです。③「告知」は「告げて知らせること」という意味ですが、「未知」は誰かによって「告げられる」ことはなく、「発見」するしかないので、誤りです。⑤「不知」は「知らないこと」という意味ですが、「未知」とほぼ同じ意味になるため、誤りです。

問2 具体例を挙げる問題 難易度★

»ルール42 解法

具体例を挙げる問題は「解答へのステップ」で解く！

具体例を挙げる問題の解答へのステップ

ステップ1 傍線部を含む一文を分析する

「主語（部）」や「接続表現」、傍線部の中にある「わかりにくい表現」＝「指示語」「比喩表現」「個人言語（※）」を押さえます。

ステップ2 解答の根拠をとらえる

ステップ1 で押さえた「主語（部）」などを手がかりに、傍線部の具体例が書かれている部分を探します。具体例がない場合は、「わかりにくい表現」の説明になっている部分を探し、その説明に当てはまる具体例を考えます。

ステップ3 解答を決定する

ステップ2 でとらえた根拠をもとに解答を決めます。

（※）「個人言語」とは筆者などが辞書的な意味とは異なる特殊な意味で用いている言葉です。

ステップ1 傍線部を含む一文を分析する

（a）〈未知の概念を知ることは〉（主部）論理空間を拡大させる。

「論理空間を拡大させる」というのが筆者の個人言語なので、その説明を求めましょう。

ステップ2 解答の根拠をとらえる

（a）〈未知の概念を知ることは〉論理空間を拡大させる。

3 ……それゆえ未知の概念の存在を、いまの論理空間のもとで語り出すことはできない。新種の昆虫を発見するということも、つまりは新たな概念がそこで形成されるということにほかならない。

⊂ 包摂関係（具体例）

（例えば、「カカトアルキ」という和名がつけられたナナフシにも似た昆虫は二〇〇二年に新種として認定されたものであるが、それによってわれわれの論理空間には「カカトアルキ」なる概念が新たに加わったのである。）

「論理空間を拡大する」とは「論理空間に新たな概念が加わる」という意味であることがわかります。具体例である「カカトアルキ」についての説明も押さえておきましょう。

ステップ3 解答を決定する

以上より、解答は⑤「新種の昆虫『カカトアルキ』が発見されたことで、論理空間に新たな概念が追加された。」となります。「新たな概念が加わる」という内容が入っているのはこの選択肢です。

〈その他の選択肢〉

① 論理空間における新たな概念で、新種の昆虫「カカトアルキ」を発見した。
「新たな概念で、〜を発見した」という文が誤り

② 新種の昆虫「カカトアルキ」によって、ナナフシが形成する論理空間が確定した。
「新たな概念が加わる」でないといけない

③ 新たな概念が正しかったことが、新種の昆虫「カカトアルキ」の発見によって証明された。
「新たな概念が加わる」でないといけない

④ ナナフシに似た昆虫が新種として認定され、「カカトアルキ」の新種に認定された。
「新たな概念が加わる」でないといけない

①のように「新たな概念で、……を発見した」のではなく、「発見」して「名前」をつけて「新たな概念」が加わるのです。

問3 空所補充問題 難易度★★

≫ ルール44 → 14ページ

ステップ1 空所を含む一文を分析する

このような場合には、〈その未知は〉（主部） ロ 。

指示語が使われているので、指示対象を求めましょう。

ステップ2 解答の根拠をとらえる

空所は意味段落Ⅱの終わりにあります。意味段落Ⅱでは「現在形で語れる未知」と「現在形では語れない未知」の違いを説明していました。

空所を含む一文の「このような」は、前にある具体例の「(数や場所を) 特定できたとしても……論理空間が拡大されるわけではない」という説明を指し示しています。「現在形で語れる未知」について述べた部分なので、「その未知」は「現在形で語れる未知」を指し示します。

二種類の未知の違いを整理すると次のようになります。

「現在形では語れない未知」

未知の概念を知ることは論理空間を拡大させる

← **未知の概念の存在を、いまの論理空間のもとで語り出すことはできない**

⇔ 対立関係（差異）

「現在形で語れる未知」

未知を知ることによって論理空間が拡大されるわけではない

←

このような場合には、その未知は **ロ**

「対立関係」を利用すると ロ には「**いまの論理空間のもとで語り出すことができる**」という内容が入るとわかります。

ステップ3　解答を決定する

以上より、解答は①「論理空間の内部で語り出すことができることになる」となります。

〈その他の選択肢〉

② 今後さらに外部へと拡大していく論理空間となる
「現在形で語れる未知」は「論理空間が拡大されるわけではない」

③ 論理空間が特定の場所へと縮小していくことになる
空所に入るのは「論理空間が拡大する」の反対ではない

④ 新たな概念を論理空間において語ることができる
「新たな概念」を追加するのは「現在形では語れない未知」の場合

⑤ 新たな論理空間の形成を証明することになる
「新たな論理空間の形成」は「現在形では語れない未知」の場合

問4　具体例を挙げる問題　難易度★★　≫ルール42→46ページ

ステップ1　傍線部を含む一文を分析する

それゆえ、（b）〈未知の個体の存在［も］〉（主部）［また］、現在形では語れないのである。

ここは「…もまた」という「**並列」のフレーム**（→43ページ）に当てはまります。「AだけでなくBもまた」のAの内容が省略されていると考えられるので、その内容を確認しましょう。また「現在形では語れないのである」はAとBの共通点といえます。

ステップ2　解答の根拠をとらえる

5 ［さて］、そのように見ると、現在形で語ることのできない未知は、新たな概念を知るという場合［だけではない］ことになる。根拠（論理空間を構成する礎石は、概念と個体であった。）

だとすれば、新たな個体を知ることも、論理空間を拡大する。それゆえ、……

A「新たな概念を知る」

―並列関係

B「新たな個体を知る」

共通点「現在形では語れない」

＝「現在形で語ることのできない未知」

さらに波線部の後に次のような具体例が挙げられています。

例えば、「海にはまだわれわれが出会ったことのないクジラがいる」と主張したとする。これは新種のクジラがいるという意味ではない。われわれが出会ったことのないクジラ個体がいるというのである。そして、われわれはこの主張をあたりまえのことと感じるだろう。

ステップ3 解答を決定する

以上より、解答は⑤「人類がこれまで出会ったことのない昆虫個体がいること。」となります。「われわれが出会ったことのないクジラ個体がいる」に近い具体例はこれです。

〈その他の選択肢〉

① 日本では見たことのない大きさのクジラ個体がいること。
「未知の個体」は「大きさ」についての「未知」ではない

② 邪馬台国の所在地が研究者により諸説あること。
「現在形で語れる未知」の具体例

③ 北海道にいるヒグマの個体数が不明であること。
「現在形で語れる未知」の具体例

④ いつ誕生したのかわからない鳥類個体がいること。
「現在形で語れる未知」に含まれる

問5 傍線部内容説明問題 難易度★

≫ルール41 解法 傍線部内容説明問題は「解答へのステップ」で解く！

傍線部内容説明問題の解答へのステップ

ステップ1 傍線部を含む一文を分析する

「主語（部）」や「接続表現」、傍線部の中にある「わかりにくい表現」＝「指示語」「比喩表現」「個人言語」を押さえます。

ステップ2 **解答の根拠をとらえる**

ステップ1 で押さえた「わかりにくい表現」の説明になっている部分を探します。

ステップ3 **解答を決定する**

ステップ2 でとらえた根拠をもとに解答を決めます。

傍線部内容説明問題は「どういうことか」を説明する問題です。傍線部の中にある「わかりにくい表現」を、本文を読んでいない人でもわかるように改めるところがポイントです。

ステップ1 傍線部を含む一文を分析する

だが、(c)ここまでの議論に即して潔癖に考えるならば、これもまたナンセンスなのである。

「ここまでの議論」という部分に指示語が含まれています。前に指示対象があるので、とらえましょう。

ステップ2 解答の根拠をとらえる

波線部は意味段落Ⅲにあり、「現在形で語ることのできない未知」について論じる中で述べられた内容です。

「**読解マップ**」を参考に、前の意味段落Ⅰ・Ⅱで論じられてきたことを確認しましょう。意味段落Ⅰでは未知に「現在形では語れない未知」と「現在形で語れる未知」の二種類があることが説明されていました。意味段落Ⅱは二種類の未知の違いを論じています。

ステップ3 解答を決定する

以上より、解答は⑤「現在形で語れる未知と語れない未知とのこれまでの相違点について、厳密に比較して考える。」となります。「ここまでの議論」をふまえている選択肢はこれです。「厳密に」も波線部の「潔癖に」の解釈として適切です。

〈その他の選択肢〉

① 未知の概念を知ることについて、未知の個体を基盤にして不正をせずに考える。
（「現在形では語れない未知」のことしか取り上げていない）

② 新たな概念と新たな個体とのこれまでの関係性につ
（「現在形では語れない未知」のことしか取り上げていない）

「潔癖に」は「厳密に」という意味の「比喩表現」

いて、不潔なものを避けて考える。

③ 新たな個体に関する実際の数値や場所を特定する調査方法の可能性について、慎重に考える。

「現在形では語れない未知」のことしか取り上げていない

④ 新たな個体と現在形で語れる未知との共通点について、品行にまで注意を払って考える。

「新たな個体」は「現在形では語れない未知」。「共通点」はない

「潔癖に」は「厳密に」という意味の「比喩表現」

問6 内容真偽問題 難易度★★

≫ルール47→36ページ

ステップ1 本文を通読し、意味段落分けをする

「本文解説」参照

ステップ2 選択肢を分析する（①）

① 〈現在の北海道全域のヒグマの存在は〉（主部）、現在形の表現によって語れない存在論的未知となる。

ステップ3 解答の根拠をとらえる（①）

「現在の北海道全域のヒグマの存在」について述べている意味段落Ⅰに注目して判断します。

2 ……現在形で語れる未知もある。例えば、現在北海道全域に何頭のヒグマがいるのか、われわれはその正確な数を知らない。……そしてその未知を現在形で語ることができる。

「現在北海道全域に何頭のヒグマがいるのか」という未知は「現在形で語ることができる」とあるので、①は不適切です。

ステップ2 選択肢を分析する（②）

② 存在論的未知を現在形で語るのではなく、論理空間を拡大させるためにその特性を理解する。

ステップ3 解答の根拠をとらえる（②）

「存在論的未知」について説明している意味段落Ⅲに注目します。

6 ……概念と個体の存在についての未知を、いささか仰々

しいが「存在論的未知」と呼ぶことにしたい。現在形で語ることのできない未知は、論理空間の拡大に関わる未知である。そして論理空間の拡大は新たな概念と個体を知ることによってもたらされる。すなわち、現在形で語ることのできない未知とは、存在論的未知のことにほかならない。

論理空間を拡大させるために「存在論的未知」の特性を理解するという説明はありません。②は不適切です。

ステップ2　選択肢を分析する（③）

③〈過去形の表現を用いた主張は〉（主部）、新たな概念と個体を受け入れる条件がそろっている。

ステップ3　解答の根拠をとらえる（③）

「過去形の表現を用いた主張」は、意味段落Ⅰで説明されていました。未知のものは存在するかどうかが未知であるから「未知の……がある／いる」という表現はナンセンスだということを具体例とともに説明した後で、次のように述べています。

1 ……こうした未知もまた、現在形でその存在を断言することはできず、イ（既知）に到達して初めて、これまでの未知を「未知であった」と過去形で語れるのである。

「過去形の表現を用いた主張」に関する説明は少ないですが、「新たな概念と個体を受け入れる条件がそろっている」とは述べられていません。③は不適切です。

ステップ2　選択肢を分析する（④）

④ 概念と個体の存在についての未知は、存在論的未知と呼ばれ、論理空間の拡大に関わる。

ステップ3　解答の根拠をとらえる（④）

「存在論的未知」は、意味段落Ⅲで説明されていました。

6 ……概念と個体の存在についての未知を、いささか仰々しいが「存在論的未知」と呼ぶことにしたい。現在形で語ることのできない未知は、論理空間の拡大に関わる未知である。

④は適切な内容だとわかります。

ステップ2 選択肢を分析する（⑤）

⑤〈現在形によって語ることのできない表現は〉（主部）、論理空間を拡大させるナンセンスなものである。

ステップ3 解答の根拠をとらえる（⑤）

「現在形によって語ることのできない」や「ナンセンス」については、意味段落Ⅰ、意味段落Ⅲで説明されていました。

1 ……「まだ人類に知られていない昆虫はたくさんいる」と言われる。冷静に考えると**この発言**はナンセンスである。未知の昆虫は未知なのであるから、たくさんいるかどうかも未知であるに違いない。……こうした未知もまた、現在形でその存在を断言することはできず……

5 ……新たな個体を知ることも、論理空間を拡大する。それゆえ、未知の個体の存在もまた、現在形では語れないのである。……**例えば**、「海にはまだわれわれが出会ったことのないクジラがいる」と主張したとする。これは新種のクジラがいるという意味ではない。われわれが出会ったことのないクジラ個体がいるというのである。……**これ**もまたナンセンスなのである。

「ナンセンス」なのは現在形で語れない未知について「現在形でその存在を断言する」ことであり、「論理空間の拡大」が「ナンセンス」なのではありません。⑤は不適切です。

ステップ4 解答を決定する

以上より、解答は④となります。

Lesson 4

解答・解説

▼問題 別冊 27ページ

このレッスンで出てくるルール

ルール19 読解 「エピソード」は「筆者の主張」とセットでとらえる！
ルール4 読解 「対立関係」を整理して「主張」や「重要な情報」をとらえる！
ルール22 読解 「引用」は「筆者の主張」とセットでとらえる！
ルール18 読解 「比喩」は「何を／何にたとえているか」「共通点は何か」を整理する！
ルール10 読解 「類似」に注目する！
ルール5 読解 「変化」は「何から」「何へ」の部分に注目する！ ⇒問4
ルール48 解法 キーワード説明問題は「解答へのステップ」で解く！ ⇒問6
ルール56 解法 「矛盾」を含む選択肢は消去する！ ⇒問6

解答

問1 A ② B ⑤
問2 (例)欠点が目につく人物も、時を経ることで本当の魅力がわかること。(30字)
問3 ① 問4 ② 問5 ⑤ 問6 ① 問7 ⑤

出典：外山《とやま》滋比古《しげひこ》『伝達の整理学』

意味段落Ⅰ「大きな景観は『中景』がいい」

1 ルール19 エピソード （**先年**、日本政府は富士山が世界文化遺産に登録されることを希望した。

2 ユネスコの判定は不可だった。なぜかというと、日本側が三保の松原をふくんだ富士山を登録してほしいと申請したのに、三保の松原は何十キロもはなれている。富士山の一部とは認められない、という理由だった。

3 それに対して古来、富士山は三保の松原からの眺めがとくにすぐれていると考えられてきて、富士山と無縁ではないということで再度、判定を仰いだ。

4 それに対してユネスコが賛成し、三保の松原をふくめた富士山を世界遺産と認定したのである。デリケートな問題に柔軟な判断を下したのは、さすがである。

5 近景の富士でなく、中景の富士を認めたのは見識であった。文化についての理解の深さを思わせる。）

6 ルール4 一般論 （**一般に**景観を愛《め》でるに当たっては近景が考えられている。小風景では妥当でも、大きな対象では適当でないことがすくなくないが、一般の認めるところとなっていない。）

7 富士山は近くで見るの**ではなく**、はなれて眺めたとき、本当の美しさがわかる。そ

ルール19 読解
「エピソード」は「筆者の主張」とセットでとらえる！

筆者の主張を印象付けるために「エピソード」を紹介することがあります。「エピソード」の後にある「筆者の主張」とセットでとらえましょう。

また、エピソードは過去のものである場合が多いので、「過去」を表す表現に注意すると、「エピソード」をとらえやすくなります。

△**エピソード**
←
◎**筆者の主張**

ルール4 読解
「対立関係」（筆者↔一般論）を整理して「主張」や「重要な情報」をとらえる！

筆者は自説を強調するときに「一般的に考えられている説（一般論）」を引き合

のことを日本人はともすれば忘れがちであるが、正しくない。

8 主張【景観には、遠景、中景、近景の三つがあって、巨大な自然は、すこしはなれたところから見たときにもっとも美しい。】

9 そういうことを、学問のなかった昔の人は、しっかり、とらえていたらしい。

ルール22 引用

（遠くより眺むればこそ白妙の
　富士も富士なり筑波嶺もまた）

という古歌は、中景の美をたたえているのである。ユネスコの役人もその心を解したということができる。〝遠くより〟というのは、ここで中景と言っているもので、遠景のことではない。主張【大きな景観は、中景がいい】のである。

意味段落Ⅱ「中景の美学はひろく当てはまる原理である」

10 近すぎては、本当のよさがわからない。①そういうことは風景に限ったことではない。ひろく、音もなくはたらいている原理であると言ってよい。

ルール22 引用

（従僕に英雄なし）

という。世人が評価する人物も、側近のものには、そのよさが見えないから、尊敬することを知らない。近すぎるのである。

11 従者でなくとも、主張【近くにいる人たちは、すぐれた人物をすぐれていると認めることが難しい。】欠点ばかり洗い出して、いい気になっている。誤解されてこの世を去る人

いに出すことがあります。「一般論」と「筆者の主張」という「対立関係」に注意しましょう。

×**一般論**
⇔ 対立関係
◎**筆者の主張**

≫ルール22 読解
「引用」は「筆者の主張」とセットでとらえる！

筆者の主張を印象付けるために他者の文章を「引用」することがあります。「引用」の後にある「筆者の主張」とセットでとらえましょう。

また、「引用」は「筆者の主張」を裏付ける「根拠」や「具体例」だけでなく、筆者が「反論」しようとしている「反対意見」である場合があります。

△**引用（根拠・具体例・反対意見など）**
↓
◎**筆者の主張**

は、古来どれくらいあるかわからない。

12 ルール18 比喩 （目の前の山は高くても、山麓にいるものには、見えない。目につくのは、石ころばかり、ロクに花も見られない。あちこち見にくい赤土が顔をのぞかせている。）とても尊敬する気にはなれない。英雄は英雄になることがなくこの世を去る。そして、三十年もするとかつての人物が中景の存在となり、あちこちがかすみ、消えて、まろやかになる。②近景の人物が中景の人物に変ずる。なんということなしに、心ひかれるようになる。

13 ここから、歴史的変化がはじまる。不幸にして、それがおこらない場合、中景になりそこなったものは、遠景になることなく湮滅《いんめつ》する。

14 具体例 （大悪人のように言われた政治家が、三十年、四十年すると、案外、偉大だったかもしれないなどと言われ出す。それに引きかえ、近景で羽ぶりのよかったのが、声もなく消える。）ルール4 一般論 （近景だけ見て、わかったように思う）のは、小才子の思い上りである。主張 【人間の世界には中景というものがあって、歴史も、そこから生まれる。】そういうことを知らなくても、優等生として大手をふることができるから、この世は③たのしい。

15 ルール19 エピソード （近代日本の文化人、文学者で、もっともすぐれていたのは夏目漱石であるというのが定評になりつつあるが、もとからそうであったわけではない。イギリスへ留学した漱石は英語の教師であった。留学で勉強して英文学の学者になろうとしていたと想像される。決して偉大ではなかった。

≫ ルール18 読解
「比喩」は「何を／何にたとえているか」「共通点は何か」を整理する！

筆者の主張を印象付けるために、筆者が言いたいことを他のことにたとえる「比喩」を使うことがあります。「比喩表現」が出てきたら、「何（A）を何（B）にたとえているのか」「たとえられているもの（AとB）の共通点（X）は何か」と比喩表現の要素を考えながら読むと良いでしょう。

比喩表現の要素

A：すぐれた人物（英雄）

B：高い山

X：「近すぎては、本当のよさがわからない」

16 遠縁の池田菊苗が、ドイツ留学から帰国するに際して、ロンドンの漱石を訪ねた。何をしているかと問われて漱石は、十八世紀の英文学を読んでいると答える。池田は、ドイツで新しい有機化学を開拓しようとしていたのだから、漱石の志の低いのをもの足りなく思ったのであろう。西洋人のしないことをすべきだ、とはげましたらしい。漱石は [X]、前人未踏の文学研究を志して、勉強をはじめた。

17 英文学の本を片づけ、社会学と心理学の本をあつめて勉強を始めた。二十世紀になったばかりのころのことで、日本の大学で、社会学の講座のあるところはなかった。心理学の講義のできる教授もいなかった。漱石の苦難はたいへんなものであったが、学問として文学を考える方法論をほとんど確立した。世界に比を見ない大業である。

18 それをかかえて帰朝した漱石は東京大学の講義において、それを発表した。ラフカディオ・ハーンからこども向きの英文学を教わっていた学生に、この画期的文学論の価値のわかるわけがない。期せずして、漱石排斥運動がおこる。のち漱石門下になる森田草平などもそのお先棒をかついでいたらしい。

19 漱石の「文学論」は、外から文学に迫るもので、その先鋒が社会学と心理学だった。明治の学生にわかるわけがない。漱石は、自信を失って、教職をすてることになり、日本英文学は夢のようになってしまった。）

（中略）

ルール19 エピソード

20 （イギリスのI・A・リチャーズの文芸批評論[も]（ルール10 類似）、近景として、イギリスではうまく

ルール19 読解

「エピソード」は「筆者の主張」とセットでとらえる！

→57ページ

「漱石のエピソード」で筆者が印象付けたい「主張」は何かをとらえましょう。

エピソード

・漱石は最初英文学の学者になろうとしており、決して偉大ではなかった
・池田菊苗が「西洋人のしないことをすべきだ」とはげまし、世界に比を見ない大業である「学問として文学を考える方法論」＝「文学論」を確立した
・東京大学の講義において理解されずに終わった

←

漱石の大業は、「中景」の機を与えられないままに沈んだ「近景」の例

←

筆者の主張

「近景」ではなく「中景」が素晴らしい

受容されたとは言いがたかった。アメリカへ渡って、中景の業績として、高く評価され、新しい文学運動をおこすまでになった。】本質的に変化したわけではない。近くにあったときには見えなかったものが、はなれて見るとはっきりしたのである。

21 富士の山麓で頂上を仰いでも見えないものが三保の松原まで離れて見ると、はっきり見えるのと、リチャーズの文学論（ルール10 類似）にも似たところがある。日本の漱石の大業は、その中景の機を与えられないままに沈んだ例である。（主張）【中景が美しく、すぐれているのである。】④いまでは遅すぎる。

意味段落Ⅲ 「歴史にも中景の美学がはたらいている」

22 （一般論）【歴史は、一般に、過去の忠実な記録のように考えられている】が、違っているように思われる。

23 過去のある時点の近景を反映しているのではなく、すこし古く、遠くなった中景の記録である。近景より中景の方が、正確であるか、不正確であるか、の問題ではなく、中景の過去の方が、もとの過去より、〝おもしろい〟からである。歴史は、もとの過去そのままを反映するのではなく、三十年、五十年の過去を反映しているのである。歴史には、中景の美学がしっかりはたらいている。

24 われわれは、もっと、中景の美学を深化させる必要がある。

≫ルール10 読解 「類似」に注目する！

二つ以上のものの似ている点を指摘するのが「類似」という形です。違いを説明する「差異」と、ちょうど反対の関係になります。「類似」のフレームを覚えておくと本文をとらえやすくなります。AとBの二つの事柄の共通点であるXを説明する形になっているので要素を整理しながら読みましょう。

「類似」のフレーム

- □AはXである。Bも(また)Xである
- □AとBはともにXである
- □Aと同様にBも(また)Xである
- □AとBはXという点で同じである

類似の要素

A：漱石の「文学論」

B：リチャーズの文学論

X：「近くにあったときには見えなかった」

読解マップ

意味段落Ⅰ　「大きな景観は『中景』がいい」　（1〜9）

景観には、遠景、中景、近景の三つがある

一般論

一般に景観を愛《め》でるに当たっては近景がいいと考えられている

⇔　対立関係

筆者の主張

巨大な自然は、すこしはなれたところから見たときにもっとも美しい

↓中景の美学

意味段落Ⅱ　「中景の美学はひろく当てはまる原理である」　（10〜21）

近すぎては、本当のよさがわからないというのは、風景に限ったことではない

近景　人物やその偉業は近くで見ていると良さがわからない

⇔　対立関係

中景　人物やその偉業はある程度の時間が経ってから評価されるようになる

本文要約

景観には、遠景、中景、近景の三つがあるが、巨大な自然は、すこしはなれたところから見たときにもっとも美しい。これが中景の美である。風景だけではなく、人物もすこし時を経てから評価されるようになる。ある人物の偉業もその時点では評価されず、評価されるのが遅すぎても忘れられてしまう。あるいは、歴史的な出来事も、すこし時を経た時点で記録されたものだからこそおもしろい。われわれは中景の美学を深化させる必要がある。

重要語句

- □ 39 湮滅《いんめつ》＝跡形もなく消えること
- □ 42 小才子《こざいし》＝ちょっとした才知のある者
- □ 51 開拓《かいたく》＝新分野を切り開くこと
- □ 59 画期的《かっきてき》＝今までになかったことをして新

近景から中景になりそこなったもの、中景の機を逃したまま時間が経ちすぎたものは、遠景にならず忘れられてしまう

意味段落Ⅲ「歴史にも中景の美学がはたらいている」（22〜24）

一般論

歴史は、一般に過去の忠実な記録だと考えられている

⇔ 対立関係

筆者の主張

歴史は、すこし古く、遠くなった中景の記録である

↓中景の過去の方が〝おもしろい〟から

われわれは、もっと、中景の美学を深化させる必要がある

しい時代を開くさま

□62 先鋒《せんぽう》＝運動・主張などの先頭に立つもの

□81 深化《しんか》＝理解などを深めること

設問解説

問1 傍線部内容説明問題 難易度★

≫ルール41→50ページ

ステップ1 傍線部を含む一文を分析する

①〈そういうことは〉風景に限ったことではない。

主部

「そういう」という「まとめ」の指示語が使われています。また、「風景に限ったことではない」と風景と何かを並列で述べています。何についてかをとらえるため解答文を見てみましょう。

> 筆者は大きな風景を眺める場合、眺める位置からの実際の距離を問題にしており、その点では、**A** を捉えることと言える。また人物を、近くから見るかどうかという点でも、**A** 的といえる。しかし、筆者は実際の距離だけのこととは捉えておらず、そこには **B** が関係していることを論じている。

「そういうこと」は「風景」だけではなく、「人物」に関しても言えるとわかります。

さらに、「距離」に関してAとBの二点が説明されています。この点に関しても注意しながら解答の根拠をとらえましょう。

ステップ2 解答の根拠をとらえる

> 10 近すぎては、本当のよさがわからない。①〈そういうことは〉風景に限ったことではない。……世人が評価する人物も、側近のものには、そのよさが見えないから、尊敬することを知らない。近すぎるのである。
>
> 11 従者でなくとも、近くにいる人たちは、すぐれた人物をすぐれていると認めることが難しい。……
>
> 12 ……英雄は英雄になることがなくこの世を去る。そして、三十年もするとかつての人物が中景の存在となり、あちこちがかすみ、消えて、まろやかになる。

指示語「そういう」の指示対象は「近すぎては、本当のよさがわからない」だとわかります。

Aは「眺める位置からの実際の距離」に関わる言葉で、「近すぎ」たり「近くにいる」とその風景や人物のよさがわからないという内容から、「空間」があてはまります。

Bは「実際の距離」ではなく、また「三十年もすると」とあることから「時間」的な近さを表していることがわかります。

ステップ3 解答を決定する

以上より、解答は**A**―②「空間」、**B**―⑤「時間」となります。

①「感覚」③「深化」④「価値」は、それぞれ「距離」に関わらないので、誤りとなります。

問2 傍線部内容説明問題 難易度★★

≫ルール41→50ページ
≫記述ルール→7ページ

記述問題には、「どういうことか」「なぜか」などあらゆる問い方があります。基本的には「傍線部内容説明問題」「傍線部理由説明問題」など、問われている内容に対応する「解答へのステップ」を利用して解いていきましょう。また、記述の基本的なルールについては、7ページにまとめてありますので、そちらをしっかり確認するようにしてください。

問2は「どのようなことを述べているのか」と問われていることから、傍線部内容説明問題の「解答へのステップ」(→50ページ)を参考に、ステップ2で「わかりにくい表現」の説明になっている部分を探しましょう。

ステップ1 傍線部を含む一文を分析する

② 〈近景の人物が〉（主部）中景の人物に変ずる。なんということなしに、心ひかれるようになる。

「近景の人物」「中景の人物」というのが比喩表現なので、その説明を求めましょう。

ステップ2 解答の根拠をとらえる

12 比喩（目の前の山は高くても、山麓にいるものには、見えない。目につくのは、石ころばかり、ロクに花も見られない。あちこち見にくい赤土が顔をのぞかせている。）とても尊敬する気にはなれない。英雄は英雄になることがなくこの世を去る。そして、三十年もするとかつての人物が中景の存在となり、あちこちがかすみ、消えて、まろやかになる。

② 近景の人物が中景の人物に変ずる。なんということなしに、心ひかれるようになる。

比喩表現の説明を整理すると次のようになります。

「近景の人物」＝「欠点が目につき、とても尊敬する気にはなれない人物」……マイナスイメージ

「中景の人物」＝「時を経ることで欠点が見えなくなり、本当の魅力がわかるようになった人物」……プラスイメージ

この二点を解答としてまとめましょう。

ステップ3 解答を決定する

以上より、解答例は「欠点が目につく人物も、時を経ることで本当の魅力がわかること。」（30字）となります。

他の解答例としては次のようなものがあります。

「尊敬できない人物も、時を経ると尊敬できるようになること。」（28字）

「かつての人物が、時を経て評価されるようになるということ。」（28字）

「時を経て」評価がマイナスからプラスに変化するというところがポイントです。

問3 傍線部内容説明問題 難易度★★

≫ ルール41→50ページ

ステップ1 傍線部を含む一文を分析する

そういうことを知らなくても、優等生として大手をふることができるから、〈この世は〉（主部）③たのしい。

「そういう」という指示語が使われているので、指示対象を求めましょう。

ステップ2 解答の根拠をとらえる

14 ……人間の世界には中景というものがあって、歴史も、そこから生まれる。

そういうことを知らなくても、優等生として大手をふることができるから、〈この世は〉③たのしい。

ここまでの内容で筆者は「中景」が大事だと述べていますから、「そういうこと」を知らないのは、本来「良くない」と考えているはずです。ですが、傍線部では「たのしい」と言っています。このように**本来言いたいこととはあえて反対のことを言う**表現が解答のポイントです。

ステップ3　解答を決定する

以上より、解答は①「皮肉」となります。「皮肉」とは「遠回しに意地悪く相手を非難する表現」です。

②「楽観」は「事態を明るい向きに見ること」、③「積極的受容」は「前向きに受け入れること」、④「興味本位」は「おもしろければ、それでいいと思う傾向のこと」、⑤「希望」は「こうなれば良い、なってほしいと願うこと」という意味です。全て「たのしい」を文字通りプラスの意味でとらえているので、誤りとなります。

問4　空所補充問題　難易度★★

≫ルール44→14ページ

ステップ1　空所を含む一文を分析する

〈漱石は〉（主語） X 、前人未踏の文学研究を志して、勉強をはじめた。

漱石がどのような状態だったのかをとらえましょう。

ステップ2　解答の根拠をとらえる

15 ……イギリスへ留学した漱石は英語の教師であった。留学で勉強して英文学の学者になろうとしていたと想像される。決して偉大ではなかった。

16 遠縁の池田菊苗が、ドイツ留学から帰国するに際して、ロンドンの漱石を訪ねた。……池田は、ドイツで新しい有機化学を開拓しようとしていたのだから、漱石の志の低いのをもの足りなく思ったのであろう。西洋人のしないことをすべきだ、とはげましたらしい。

↓

〈漱石は〉 X 、前人未踏の文学研究を志して、勉強をはじめた。

≫ルール5　読解
「変化」は「何から」「何へ」の部分に注目する！

論理的文章でも文学的文章でも、ものごとの変化について述べられることが多くあります。このときに「Aから Bへ」というポイントがよく説明を求められるので、注意しておきましょう。

池田菊苗にはげまされて、漱石の心境が「変化」した

ステップ3　解答を決定する

以上より、解答は②「心機一転」となります。「心機一転」とは「ある事をきっかけとして、新たな気持ちや態度で事に臨むこと」という意味です。

①「臥薪嘗胆《がしんしょうたん》」は「復讐《ふくしゅう》を成功させるために苦労に耐えること」、③「一朝一夕」は「きわめてわずかな期間、非常に短い時間」、④「起死回生」は「絶望的な状況を立て直し、一挙に勢いを盛り返すこと」、⑤「虚心坦懐《きょしんたんかい》」は「心にわだかまりがなく、平静に事に臨むこと」という意味です。全て「あることをきっかけとして、変化する」という意味ではないので、誤りです。

問5　傍線部内容説明問題　難易度★★

» ルール41→50ページ

ステップ1　傍線部を含む一文を分析する

〈主語の省略〉④いまでは遅すぎる。

省略された主語を求めましょう。

ステップ2　解答の根拠をとらえる

21 ……〈日本の漱石の大業は〉、その中景の機を与えられないままに沈んだ例である。中景が美しく、すぐれているのである。④いまでは遅すぎる。

「日本の漱石の大業」は「中景」にならずに沈んだとあり、「中景」でなければいけないと筆者は主張しています。すると、省略された主語（主部）は「日本の漱石の大業を評価するのは」であるとわかります。

日本の漱石の大業を評価するのは、いまでは遅く、もっと前（中景）でなければいけなかった

ステップ3　解答を決定する

以上より、解答は⑤「漱石が講義した『文学論』の価値がよくわからなかった当時の大学生の評価が長く残り続けた」となります。今回は「**あてはまらないもの**」を選ぶ問題です。

「いまでは遅すぎる」が意図する内容（＝漱石の大業は中景で評価されるべき）としては「当時の大学生の評価が長く残り続けた」はあてはまりません。
　他の選択肢は、いずれも筆者の言いたいことを表しているので、あてはまります。

問6 キーワード説明問題　難易度★★

> ≫ルール48　解法
> **キーワード説明問題は「解答へのステップ」で解く！**
>
> **キーワード説明問題の解答へのステップ**
>
> **ステップ1　解答の根拠をとらえる**
> 問われているキーワードについて説明している部分を探します。
>
> **ステップ2　解答を決定する**
> ステップ1 でとらえた根拠をもとに解答を決めます。

「キーワード」を説明する問題も傍線部内容説明問題と似たような考え方で解くことができます。問われている「キーワード」を説明している部分を探して、その部分のポイントをもとにして解答すると良いでしょう。

ステップ1　解答の根拠をとらえる

「筆者の歴史の捉え方」を問われているので、「歴史」を「キーワード」として、その説明を探しましょう。「歴史」については意味段落Ⅲで説明されていました。

22 〈歴史は〉《キーワード》、一般に、過去の忠実な記録のように考えられているが、違っているように思われる。

23 過去のある時点の近景を反映しているのではなく、
⇔ **対立関係（否定）**
すこし古く、遠くなった中景の記録である。……

〈歴史は〉、もとの過去そのままを反映するのではなく、
⇔ **対立関係（否定）**
三十年、五十年の過去を反映しているのである。歴史には、中景の美学がしっかりはたらいている。

「AではなくB」という**「否定」のフレーム**（↓10ページ）

が使われています。「否定」が使われたときは、反対の（否定されている）内容を選ばないように注意してください。

ステップ2 解答を決定する

以上より、解答は①「三十年後、五十年後から見た歴史は、中景としての見方であると言える」となります。「歴史」とは「中景の記録」「三十年、五十年の過去を反映している」とありました。

〈その他の選択肢〉

② 三十年前、五十年前の歴史は、歴史としておもしろいと言える
出来事が起こった三十年後、五十年後に「記録」したものが歴史

③ 三十年、五十年という年月がたてば小人物も英雄になると言える
「評価されるべき大業をなしたが評価されていなかった人物」が正しい

④ 歴史を捉えるには、近景より中景の方が正確であると言える
「正確であるか、不正確であるか」という見方は否定されていた

⑤ 過去の歴史を忠実に記録したものは、歴史ではないと言える
「過去の歴史」ではなく「過去の出来事」

また、⑤には「矛盾」があります。

≫ ルール56 解法
「矛盾」を含む選択肢は消去する！

「矛盾」は誤りの選択肢の典型パターンです。**「矛盾」のフレーム**を覚えて、分析できるようにしておきましょう。

「矛盾」のフレーム
□Aであり、かつ、Aでない

⑤は「過去の歴史を忠実に記録したものは、歴史ではない」となっており、「Aは、Aでない」という文構造になっています。このような「矛盾」を含んだ選択肢は誤りとなります。

また、もっと単純なものもあります。現代文は本文に書かれている内容は必ず正しいというルールがあるので、本文に

「A」と書いてあった場合、選択肢に「Aでない」とあれば、それは「矛盾」となり、その選択肢は誤りとなります。これは当たり前のことですが、「当たり前」のことにもきちんとルールがあるということは覚えておきましょう。

問7 内容真偽問題 難易度★★

≫ルール47→36ページ

ステップ1 本文を通読し、意味段落分けをする

「**本文解説**」参照

ステップ2 選択肢を分析する ①

① そもそも、ものごとには変化しない本質的な価値があり、その評価には遠近は関係しない

ステップ3 解答の根拠をとらえる ①

「ものごと」全般に関する説明なので、意味段落Ⅱに注目して判断します。

10 近すぎては、本当のよさがわからない。そういうことは風景に限ったことではない。ひろく、音もなくはたらいている原理であると言ってよい。

「近すぎては」とあることから「遠近」に関わることが「原理」だと言っているので、①は不適切だとわかります。

ステップ2 選択肢を分析する ②

② 〈富士山のような大きな山の景色は〉主部、山麓から山頂を眺めてもその価値がわからずつまらない

ステップ3 解答の根拠をとらえる ②

「富士山」について説明している意味段落Ⅰに注目します。

7 〈富士山は〉近くで見るのではなく、はなれて眺めたとき、本当の美しさがわかる。

「山麓から山頂を眺め」る、つまり「近くで見る」ことが「つまらない」とは言われていません。②は不適切です。

ステップ2 選択肢を分析する ③

③ 「従僕に英雄なし」というが、〈評価する力のない小才主部

子は〉、はなれて人を見なければその価値がわからない

ステップ3 解答の根拠をとらえる（③）

「従僕に英雄なし」、「評価する力のない小才子」は意味段落Ⅱで説明されていました。

10 ……（従僕に英雄なし）引用という。世人が評価する人物も、側近のものには、そのよさが見えないから、尊敬することを知らない。近すぎるのである。

14 ……近景だけ見て、わかったように思うのは、小才子の思い上りである。

近景を見て価値を理解しないということは、はなれて見れば価値がわかるということではありません。③は不適切です。

ステップ2 選択肢を分析する（④）

④ 〈大悪人のような政治家も〉主部、三十年五十年たつと、余計なものがそぎ落とされて、いい人に見えるようになる

ステップ3 解答の根拠をとらえる（④）

「大悪人のような政治家」は意味段落Ⅱで説明されていました。

14 〈大悪人のように言われた政治家が〉、三十年、四十年すると、案外、偉大だったかもしれないなどと言われ出す。

④の「いい人」は曖昧であり、「偉大」とは異なるので、不適切です。

ステップ2 選択肢を分析する（⑤）

⑤ リチャーズの文芸批評論のように、近景では評価されずとも、中景なら評価される可能性のあるものごとがある

ステップ3 解答の根拠をとらえる（⑤）

「リチャーズの文芸批評論」は意味段落Ⅱで説明されていました。

20 イギリスのI・A・リチャーズの文芸批評論も、近景として、イギリスではうまく受容されたとは言いがたかった。アメリカへ渡って、中景の業績として、高く評価され、新しい文学運動をおこすまでになった。

⑤は適切な内容だとわかります。

ステップ4 解答を決定する

以上より、解答は⑤となります。

Lesson 5

解答・解説

▼問題 別冊 37ページ

このレッスンで出てくるルール

ルール23 読解 「疑問文」の「答え」は「筆者の主張」と考える！
ルール3 読解 「キーワード」の「詳しい説明」に注意する！
ルール4 読解 「対立関係」を整理して「主張」や「重要な情報」をとらえる！ ⇒問2
ルール15 読解 本文に書かれていない「結論」を推察する！
ルール52 解法 「指示語」は必ず「指示対象」を確認する！ ⇒問3
ルール13 読解 「ある事柄」が成立するための「条件」に注目する！ ⇒問5
ルール57 解法 余計な条件や説明が加えられた選択肢は消去する！ ⇒問5

解答

問1 ④　問2 ①　問3 ⑤　問4 ③
問5 ②　問6 ③　問7 ⑤

出典：桑子《くわこ》敏雄《としお》『何のための「教養」か』

意味段落Ⅰ　「人間は二種類の能力を用いて『幸福』を実現する」

ルール23 問題提起

1 わたしの関心は、自然に対する研究が生み出した近代の科学技術が、どうして人間の行為によって自然の破壊をもたらすのかということに向かっていたから、アリストテレスの思考のなかで自然に対する研究と人間社会に対する研究とがどのようにつながっているかを考察することをテーマに研究を進めた。答え　意味段落Ⅱ

2 わたしが学んだもっとも重要な思想の一つは、人間には二種類の知的な能力が備わっているということである。それは、自然の必然的な法則性を認識する能力、すなわち真理を認識する能力と、人間が自らの行為を選択することのできる能力、すなわち善をめざし、よりよい行為を選択することを可能にする能力の二つである。

3 人間が自らの行為を選択することのできる能力、「フロネーシス」キーワード を、わたしは「思慮深さ」と訳した。ルール3 説明（→76ページ）（思慮深い人は、自分の目の前にある選択肢を「思慮深く」選択することができる。思慮深く選択できるということは、選択することによって実現できることを積み上げ、(ア)目標とする「願望の対象」を達成することができるということである。

ルール23 読解
「疑問文」の「答え」は「筆者の主張」と考える！
→25ページ

論理的文章において「疑問文」は「問題提起」の働きをします。

「哲学」の文章では「問題提起」に対する直接の「答え」が最後にくる、あるいは今までの議論から読者の方で「答え」を導くというものもあります。

「疑問文」が出てきたらそこに示された「問題提起」を念頭に置いて、「答え」が直接書かれていないか、あるいは読み取れないか注意しながら読み進めていきましょう。

4 行為を選択できる存在であり、その選択を行う能力をもつ存在こそが人間であるということの意味は、人間のふるまいは、自然の必然的な法則によって決まっているのではなく、複数の選択肢からみずからの(イ)意思にもとづいて一つを選択できるということを意味している。このことは、選択の自由をもっているということである。人間には自由があるということ、そのことをアリストテレスは、人間は選択する存在であり、思慮深さをもつ存在であると表現したのである。）

5 人間の思考能力は、自然の法則を捉える部分と自由な選択の意思をもつ部分の両方からなっている。しかも、この二つは、人間が自己の存在の可能性を開花させるための、もっとも重要な能力である。

6 (ウ)アリストテレスは、人間がその能力を最大限に実現させた状態をすべての人間が願望の対象とする「最高善」と考えた。しかも、多くの人びとは最高善を「幸福」と考えているとしている。人間にとってもっともすぐれた能力は、自然の法則を認識することのできる能力であるが、この能力を発揮できる幸福な状態を実現するための選択を支えるのが思慮深さであった。

意味段落Ⅱ「複数の選択肢を前にして迷い考えることが大切」

7 さて、人間が自然の必然的な法則を認識する能力をもつだけでなく、自然を利用し

≫ルール3 読解
「キーワード」の「詳しい説明」に注意する！

論理的文章においては、まずある「キーワード」を導入して、その後に「詳しい説明」がくる場合があります。「キーワード」は複数ある場合もあるので、どの部分がどの「キーワード」の説明になっているのか整理しながら読んでいきましょう。

「人間が自らの行為を選択することのできる能力」

＝

キーワード

「フロネーシス」＝「思慮深さ」

←

詳しい説明

人間は複数の選択肢からみずからの意思にもとづいて自由に一つを選択できる存在

＝

思慮深さをもつ存在

たり、支配したり、あるいは、破壊したりする「自然に対する行為」を選択することのできる存在であるならば、自然に対する行為の選択は、人間がもっている「(エ)思慮深さ」にかかっていることになる。ヒント(問題提起 1段落) 人間が行う行為のなかには、自然に対する思慮深い行為もあるし、自然に対する思慮を欠いた行為も存在する。

8 わたしは、人間にとって大切なことは、その選択であり、選択を支える思慮深さであるということを学び、この「選択する人間」を自分の哲学の根幹にすえようと考えた。

9 思慮深さがあることと、迷い、また後悔することとは切っても切れない関係にある。だれもが与えられた人生のなかで、迷うことなく選択することなどありえない。ただ、思慮深い人は、複数のなかから賢くよりよい選択肢を見抜くのである。

10 人間は、選択すべき対象を知っていて選択するのか、という問いは、ソクラテスのパラドクスといわれる論争を引き起こした。人間は悪いことだと知っていて選択することがあるだろうか。この問いに ルール4 意見 ソクラテスは、人間が誤った選択をするのは無知だからだと主張した。人間はよいことだと知っていれば、そのよいことを行い、悪いことだと知っていれば、そのようなことはしないものだ。なぜなら、そのようなことをするのは無知だからだ、というのである。ソクラテスの考えでは、よい行為をするようになるためには、[Ⅰ] それを教えるのが教育

問題提起(1段落)

「自然に対する研究が生み出した近代の科学技術が、どうして人間の行為によって自然の破壊をもたらすのか」

←

ヒント

「人間が行う行為のなかには、……自然に対する思慮を欠いた行為も存在する」

←

自然に対する「思慮深さ」を欠いた結果、「自然破壊」がもたらされているのでは?

≫ルール4 読解

「対立関係」(反論)を整理して「主張」や「重要な情報」をとらえる!

ソクラテス

人間が誤った選択をするのは無知だから

⇔ 対立関係(反論)

アリストテレス

人間が誤った選択をするのは意志の弱さがあり、迷うから

だというのである。)

11 (アリストテレス【反対意見】は、ソクラテスに反論して、人間は悪いと知っていても、悪いことを選択することがあると主張した【答え(問題提起 1段落)】。悪と知りながら悪を行うのは、知を負かしてしまうほどの欲望があるからだというのである。無知が人間の判断を誤らせるというより、人間には意志の弱さというものがあり、だからこそ、後悔したり反省したりする。後悔することや反省することが人間が成長するための契機になるというのである。)

12 読者のみなさんはどう思うだろうか。わたしたち人類の人生は、惑星上で営まれる迷う人生である。いわば「(オ)惑星的人生」こそがわたしたちの人生なのである。その迷いの道筋の上に、地球の将来がかかっている。地球と人間の将来に向けて、どのような選択を行うかがわたしたちに託されている。どのような選択肢があるのかを見抜いて、しっかり迷い考えることが大切である。

(中略)

意味段落III 「朱子の哲学は『所与と選択』の思想」

13 ギリシア哲学から始めて、西洋哲学全般を約二十年かけて学んだが、わたしの関心はあくまで日本の自然環境にあった。【ルール23 問題提起】日本人は自然を大切にしてきたといわれながら、どうしてこれほどの自然破壊ができるのか。この問いを極めるためには、ギリシア哲

問題提起(1段落)

「自然に対する研究が生み出した近代の科学技術が、どうして人間の行為によって自然の破壊をもたらすのか」

↓

根拠

人間には意志の弱さというものがある

知を負かしてしまうほどの欲望がある

↓

答え

「人間は悪いと知っていても、悪いことを選択することがある」

≫ ルール23 読解

「疑問文」の「答え」は「筆者の主張」と考える!

問題提起(13段落)

「日本人は自然を大切にしてきたといわれながら、どうしてこれほどの自然破壊ができるのか」

学をはじめとする西洋哲学を学ぶ**ともに**、日本の思想的な伝統を学ばなくてはならない。そう考えた。

14 まず取り組んだのが、鎌倉時代に伝えられ、江戸時代に支配者であった武士の習うべき学問とされた朱子学の研究である。

15 中国十二世紀の偉大な哲学者、朱熹《しゅき》は、孔子以来の儒学の伝統に立脚しながら、独自の壮大な哲学を展開したので、尊称して「朱子」といわれ、その学問は、朱子学と呼ばれている。

16 朱子学の中心的な思想は、「仁」（キーワード）ということばで表現される。（ルール3 説明）（「仁」とは、「ひとの不幸を見過ごすことのできない心」という儒教の思想的伝統のなかで伝えられたことばである。朱子は、これを「すべての生きているものに対する、生きていることへの共感」と理解した。人間も他の生物もすべて宇宙の営みのなかで「生かされている存在」である。宇宙を朱子は、「天地」と表現しているが、天地がものを生み出す働きを「生《せい》生《せい》」ということばで表現した。人間の人生も天地の生生の働きによって存在しているのである。この働きを深く自覚し、また行動することによって、自己の存在を天地の間に正しく位置づけることができる。）

17 わたしは朱子の哲学からいろいろなことを学んだが、とくに大切だと思った思想は、宇宙のなかの、大地の上に生を与えられた人間にとって、「生きていること」は、天地

Lesson 5

≫ルール3 読解
「キーワード」の「詳しい説明」に注意する！

論理的文章においては筆者が他者の「キーワード」を説明することがあります。

キーワード

「仁」

↓

詳しい説明

- 「ひとの不幸を見過ごすことのできない心」
- 「すべての生きているものに対する、生きていることへの共感」
- 「人間の人生も天地の生生の働きによって存在している」

の働きによって与えられたものであるということであった。**現代的に言い換えれば**、ビッグバンから百三十八億年の宇宙の歴史、そのなかで四十六億年の地球という惑星の上で展開された生命進化のプロセス、いわば惑星が辿《たど》る過程のなかで、(カ)「生きることを与えられた存在」であるということである。

18 朱子は、この与えられた生をどう生きるかということを思索した。彼は、わたしたちの生のあり方と生を与えた宇宙の営みとの根源的なつながりをしっかりと認識したときに、わたしたちは自分の人生を正しく生きることができると主張した。こうした主張の背景にあったのは、伝統的な儒教思想と古代中国から伝えられた「易《えき》」の哲学（キーワード）を融合した独創的な思想である。「易」の哲学は、『易経』といわれる本のなかに述べられている。

19 『易経』は、天地の営みのなかで人間がどのような選択をするときに幸福になり、あるいは不幸になるかを見極めようとした占いの書物である。占いの書物であるが、「易をよく知る者は占わず」ともいわれる。ルール3 説明（人間が迷いのなかで難しい情況に直面すると、どうしても選択を迷う。迷っていてぐずぐずしていると、タイミングを逸してしまう。そのようなときに占いで迷いを絶つべきである、というのが「易」の思想である。）だから、「易」の思想には、人間の選択をめぐる深い思索がたくさん含まれている。

20 正しい選択をすれば、その行為は「吉」といわれ、誤った選択をすれば、「凶」とさ

キーワード
「易」の哲学
↓
詳しい説明
「人間が迷いのなかで難しい情況に直面すると、どうしても選択を迷う。迷っていてぐずぐずしていると、タイミングを逸してしまう。そのようなときに占いで迷いを絶つべきである」

キーワード
「所与」
↓
詳しい説明
「わたしたちの生は、どれも自分で選択したものではなく、与えられたものである」

≫ ルール15 読解 本文に書かれていない「結論」を推察する！

近年、思考力を問う問題が出題されています。本文で与えられた前提をもとにして、書かれていない結論を推察する問題はその一つです。

れる。人間の生きる状況は常に変転（変易）しているが、他方、その根底には、不変（不易）な法則が存在している。状況のもつ変易と不易の両方、そして、その状況のなかに置かれた自己の位置を考慮し決断すれば、その結果はよいものとなる。

21 **ルール3 説明** （わたしたちの生は、どれも自分で選択したものではない、ということの根源的な認識に含まれる意味を考えて、わたしは、「与えられたもの」の重要性を知った。）わたしは、これを「与えられたもの」という意味で、「所与」（キーワード）と表現した。人間の道徳と宇宙の成り立ちについての理解と人間の行為についての考え方を融合しようとした朱子の哲学の根幹には、「所与と選択」の思想があったのである。

前提

「状況のもつ変易と不易の両方、そして、その状況のなかに置かれた自己の位置」＝「所与」を考慮し「決断」＝「選択」すれば、その結果は「よいもの」＝「吉」となる

←

推察

「結果がよいものでない」＝「凶」ならば、「所与」を考慮しないで選択しているということだ

←

問題提起（13段落）

「日本人は自然を大切にしてきたといわれながら、どうしてこれほどの自然破壊ができるのか」

←

答え

「所与」の思想が忘れられているから

読解マップ

意味段落Ⅰ 「人間は二種類の能力を用いて『幸福』を実現する」（1〜6）

問題提起

自然に対する研究が生み出した近代の科学技術が、どうして人間の行為によって自然の破壊をもたらすのか

人間には二種類の知的な能力が備わっている

・自然の必然的な法則性を認識する能力

・人間が自らの行為を選択することのできる能力

＝「フロネーシス」＝「思慮深さ」

意味段落Ⅱ 「複数の選択肢を前にして迷い考えることが大切」（7〜12）

複数の選択肢があると迷う

↓

思慮深い人は、複数のなかから賢くよりよい選択肢を見抜く

本文要約

自然に対する研究が生み出した近代の科学技術が、どうして自然破壊をもたらすのか。アリストテレスは、人間には自然の法則性を認識する能力と自由な選択をする力があると考えた。正しい選択をするためには思慮深さが必要である。朱子学には天地から与えられた生という所与の考え方がある。所与のものを考慮して選択をすると、その結果はよいものになる。

重要語句

□9思慮《しりょ》＝注意深く心を働かせて考えること

□34根幹《こんかん》＝ものごとを成り立たせている大もと

□40パラドクス＝パラドックス。逆説。一見矛盾するようだが、真理を表す表現

□47反論《はんろん》＝相手の主張や根拠を否定して、反

ソクラテス

人間が誤った選択をするのは無知だから

⇔ **対立関係**

アリストテレス

人間が誤った選択をするのは意志の弱さがあり、迷うから

←

筆者の主張

どのような選択肢があるのかを見抜いてしっかり迷い考える「思慮深さ」が大切だ

意味段落Ⅲ 「朱子の哲学は『所与と選択』の思想」（13〜21）

宇宙のなかの、大地の上に生を与えられた人間にとって、「生きていること」は、天地の働きによって与えられたものである＝「所与」

朱子

所与のものを考慮して選択をすることで、その結果はよいものになる

←

結論

所与のものに対する思慮深さの欠如により、自然破壊がもたらされている

対意見を述べること

□51 契機《けいき》＝ものごとが始まったり変化したりするきっかけ

□66 尊称《そんしょう》＝尊敬の気持ちをもって呼ぶ表現

□71 営《いとな》み＝行為・仕事

□82 思索《しさく》＝道理や筋道などをたどって考えること

□83 根源《こんげん》＝ものごとの大もと

□90 情況《じょうきょう》＝様子。「状況」に同じ

設問解説

問1 傍線部内容説明問題 難易度★

≫ルール41→50ページ

ステップ1 傍線部を含む一文を分析する

主部

〈思慮深く選択できるということは〉、選択することによって実現できることを積み上げ、(ア)目標とする「願望の対象」を達成することができるということである。

「目標とする『願望の対象』」とあることから、「願望の対象」をヒントにして、解答の根拠を求めましょう。

ステップ2 解答の根拠をとらえる

6 アリストテレスは、人間がその能力を最大限に実現させた状態をすべての人間が願望の対象とする「最高善」と考えた。

「目標」＝「願望の対象」＝「最高善」

ステップ3 解答を決定する

以上より、解答は④「善」となります。

①「フロネーシス」は「思慮深さ」であり、「選択」をする際に重要となるものです。②「自由」は「選択」が可能な状態のことです。「人間には自由があるということ、そのことをアリストテレスは、人間は選択する存在であり、思慮深さをもつ存在であると表現したのである」と4段落にあることから、「自由」「選択」「思慮深さ」がほぼ同じような意味になると考えられます。③「欲望」ではなく「願望」です。⑤「仁」はアリストテレスの思想ではなく、朱子学（儒教）の思想です。

問2 傍線部内容説明問題 難易度★

≫ルール41→50ページ

ステップ1 傍線部を含む一文を分析する

主部

〈行為を選択できる存在であり、その選択を行う能力をもつ存在こそが人間であるということの意味は〉、人間のふるまいは、自然の必然的な法則によって決まっているのではなく、複数の選択肢からみずからの(イ)意思にもとづいて一つを選択できるということを意味している。

「AではなくB」という**「否定」のフレーム**（→10ページ）

が使われているので、その部分をもとに解答の根拠をとらえましょう。

> ≫ **ルール4** 読解
> **「対立関係」（否定）を整理して「主張」や「重要な情報」をとらえる！**
> →10ページ

ステップ2　解答の根拠をとらえる

「ではなく」の前後の「対立関係」は次の通りです。

「自然の必然的な法則によって決まっている」

⇔　対立関係（否定）

「複数の選択肢からみずからの意思にもとづいて一つを選択できる」

ステップ3　解答を決定する

以上より、解答は①「法則」となります。

他の選択肢は、いずれも「意思」と対比的な意味ではありません。②「社会」に対する研究の中に「意思」が出てきました。③「能力」に関しては5段落で、「意思」のことを「もっとも重要な能力」といっています。④「願望」は「意思」と同じグループです。⑤「自然」は注意が必要ですが、「自然の必然的な法則」によって決まるといった場合、決めているのは「法則」であり、「自然」ではありません。

問3　傍線部内容説明問題　難易度★★

≫ **ルール41** →50ページ

ステップ1　傍線部を含む一文を分析する

㋒〈アリストテレスは〉（主語）、人間がその能力を最大限に実現させた状態をすべての人間が願望の対象とする「最高善」と考えた。

「その」という指示語の指示対象を求めましょう。

> ≫ **ルール52** 解法
> **「指示語」は必ず「指示対象」を確認する！**
> →33ページ

ステップ2 解答の根拠をとらえる

5 人間の思考能力は、自然の法則を捉える部分と自由な選択の意思をもつ部分の両方からなっている。しかも、この二つは、人間が自己の存在の可能性を開花させるための、もっとも重要な能力である。

6 (ウ)〈アリストテレスは〉、人間がその能力を……

「その能力」の指示対象には指示語「この二つ」が含まれているので、「この二つ」の指示対象を探しましょう。

≫ ルール62 解法 発展
「二重の指示語」があったら、さらに指示対象を探す！

指示語の指示対象が別の指示語を含む場合、「二重の指示語」といい、さらに指示対象を探します。

「その能力」＝「人間の思考能力」
・自然の法則を捉える
・自由な選択の意思をもつ

ステップ3 解答を決定する

以上より、解答は⑤「二つの知的な能力を最大限に実現させた状態こそが、すべての人間が望む最高の善である。」となります。「二つの知的な能力」が指示対象をふまえています。
その他はほぼ傍線部の表現のままです。

〈その他の選択肢〉

① 自然を認識する力と行為を選択する力によって、欲望を達成することが、最高の幸福である。
「欲望」ではなく「願望」が正しい
「最高善」＝すべての人の「幸福」ではない

② すべての人間は、自己の可能性を認識する能力を最高に実現させることを、自らの願望とすべきである。
指示対象の誤り

③ 二つの能力を最大限に実現させることができたならば、人間はあらゆる願望を実現することができる。
「あらゆる願望」は実現しない

④　すべての人間は、自然の法則を認識し思慮深く行動することによって、自由を最大限に実現できる。

「最高善」＝「自由の実現」ではない

①について、傍線部に続けて「しかも、多くの人びとは最高善を『幸福』と考えている」とありますが、「最高善」は「すべての人間」が望むものであるのに対し、「最高善」＝「幸福」と考えるのは「すべて」の人ではないので、誤りです。

問4　傍線部内容説明問題　難易度★　》ルール41→50ページ

ステップ1　傍線部を含む一文を分析する

さて、人間が自然の必然的な法則を認識する能力をもつだけでなく、自然を利用したり、支配したり、あるいは、破壊したりする「自然に対する行為」を選択することのできる存在であるならば、〈自然に対する行為の選択は〉（主部）、人間がもっている「(エ)思慮深さ」にかかっていることになる。

「思慮深さ」が個人言語なので、その定義を求めましょう。

ステップ2　解答の根拠をとらえる

6　……人間にとってもっともすぐれた能力は、自然の法則を認識することのできる能力であるが、この能力を発揮できる幸福な状態を実現するための選択を支えるのが思慮深さであった。

「思慮深さ」
＝「自然の法則を認識することのできる能力を発揮できる幸福な状態を実現するための選択を支える」もの

ステップ3　解答を決定する

以上より、解答は③「自然の法則を認識した上で、よりよい選択肢を見抜くこと。」となります。「自然の法則を認識することのできる能力」と「選択を支える」というポイントが入っています。

他の選択肢は、いずれも「選択」というポイントが入っていません。

問5 空所補充問題 難易度★★ ≫ルール44→14ページ

ステップ1 空所を含む一文を分析する

ソクラテスの考えでは、よい行為をするようになる**ため**には、［　　ー　　］

「ソクラテスの考え」について説明した文で、「AのためにはB」という**「条件法」のフレーム**（→34ページ）が使われているとわかります。

> ≫**ルール13** 読解
> **「ある事柄」が成立するための「条件」に注目する！**
> →34ページ

ソクラテスの考える「よい行為」の条件を求めましょう。

ステップ2 解答の根拠をとらえる

10 ……人間は悪いことだと知っていて選択することがあるだろうか。この問いに〈ソクラテスは〉、「人間が誤った選択をするのは無知だからだ」と主張した。「人間はよいことだと知っていれ**ば**、そのよいことを行い、悪いことだと知っていれ**ば**、そのようなことはしないものだ。**なぜなら**、そのようなことをするのは無知だ**からだ**」、というのである。

「知っている」ことが「選択」の条件になっているとわかれば正解することができます。

ステップ3 解答を決定する

以上より、解答は②「善とは何か、悪とは何かを知らなければならない。」となります。「知っている」が条件になっているのはこの選択肢です。

他の選択肢は、「知っている」が条件になっていません。また、①の「思慮深く選択しなければならない」や④、⑤の内容はアリストテレスの考えです。アリストテレスは「知っている」かどうかではなく、「思慮深さ」が重要だと考えています。ソクラテスとアリストテレスの考えが「対立関係」にあることを「**本文解説**」で押さえておきましょう。

≫ ルール57 解法
余計な条件や説明が加えられた選択肢は消去する！

解答の条件が「A」のとき、「AかつB」というように余計な条件「B」が付け加えられている選択肢があります。「A」の部分だけ見ると正解のように思えますが、余計なものが付け加えられていると誤りになるので、選択肢を見るときに「並列」などには注意しましょう。

なお、条件以外に余計な説明が加えられている場合もあります。

①の「善悪を知る」は正しい内容ですが、「AだけでなくB」という**「並列」のフレーム**（↓43ページ）で付け加えられた「思慮深く選択しなければならない」は余計な条件です。

問6 傍線部内容説明問題 難易度★ ≫ルール41↓50ページ

ステップ1 傍線部を含む一文を分析する

［いわば］〈「(オ)惑星的人生」こそが〉（主語）わたしたちの人生なのである。

「いわば」は改まった表現に言い換えるときの接続表現で、その後には「比喩表現」や「個人言語」がきます。前に、解答の根拠を求めましょう。

ステップ2 解答の根拠をとらえる

12 ……わたしたち人類の人生は、惑星上で営まれる迷う人生である。［いわば］〈「(オ)惑星的人生」こそが〉わたしたちの人生なのである。その迷いの道筋の上に、地球の将来がかかっている。

「惑星的人生」は、前の「惑星上で営まれる迷う人生」を言い換えていることがわかります。さらに「その迷いの道筋の上に、地球の将来がかかっている」とあることも押さえておきましょう。

ステップ3 解答を決定する

以上より、解答は③「迷い、時に後悔しながら、地球の将来さえも左右するような選択をしている人生」となります。「迷い」「地球の将来がかかっている」というポイントが入っている選択肢はこれしかありません。

①、④は「迷い」、②、⑤は「迷い」「地球の将来がかかっている」というポイントが入っていません。また、④「自然を第一に考える人生」は本文にありません。

問7 傍線部内容説明問題 難易度★

≫ルール41→50ページ

ステップ1 傍線部を含む一文を分析する

現代的に言い換えれば、ビッグバンから百三十八億年の宇宙の歴史、そのなかで四十六億年の地球という惑星の上で展開された生命進化のプロセス、いわば惑星が辿《たど》る過程のなかで、「(カ)生きることを与えられた存在」であるということである。

「現代的に言い換えれば」や問6で説明した「いわば」という接続表現があるので、前に解答の根拠を求めましょう。

ステップ2 解答の根拠をとらえる

17 わたしは朱子の哲学からいろいろなことを学んだが、〈とくに大切だと思った思想は〉、宇宙のなかの、大地の上に生を与えられた人間にとって、「生きていること」は、天地の働きによって与えられたものであるということであった。

現代的に言い換えれば、……

直前の文から、傍線部は「天地の働き」によって「生きていること」を与えられた存在（人間）のことだとわかります。

ステップ3 解答を決定する

以上より、解答は⑤「天地の生生の働きによって、生かされている存在」となります。

①は「選択の余地なくしたがって」が誤りです。人間は「選択」することができます。②は「人間どうしの仁によって」、③は「地球を大切にすることで」、④は「生命の進化によって」がいずれも「天地の働きによって」に合わないので、誤りです。

Lesson 6

解答・解説

▼問題 別冊 49ページ

このレッスンで出てくるルール

ルール10 読解 「類似」に注目する！ ⇒問1
ルール14 読解 「主張」に伴う「根拠」を意識する！
ルール4 読解 「対立関係」を整理して「主張」や「重要な情報」をとらえる！
ルール9 読解 「並列関係」は並べる事柄とその対応を整理する！
ルール22 読解 「引用」は「筆者の主張」とセットでとらえる！
ルール34 読解 「具体例」が長い場合には、はじめと終わりに（　）を付けて読み飛ばす！
ルール16 読解 「具体例」前後の「筆者の主張」を見抜く！
ルール7 読解 本文の矛盾は「逆説」を疑う！
ルール45 解法 脱文補充問題は「解答へのステップ」で解く！ ⇒問2
ルール46 解法 文整序問題は「解答へのステップ」で解く！ ⇒問3
ルール54 解法 選択肢の検討では「助詞の使われ方」にも注意する！ ⇒問4

解答

問1 ア ①　イ ③　ウ ④　エ ③　問2 （3）
問3 ②　問4 ④　問5 ②　問6 ①

本文解説

出典：兵藤裕己《ひょうどうひろみ》「和歌と天皇――〝日本〟的共同性の回路」（『王権と物語』所収）

意味段落Ⅰ 「和歌の創作をヨムというのは、共同性の問題」

1 和歌の創作が、古歌の伝誦《でんしょう》と ルール10 類似 **おなじく**ヨムといわれている。創作と伝誦という、近代の私たちには異質であるはずの二つの行為が、ともにヨムという語で類同的に認識されるところに、和歌をヨム行為のもっとも本質的な問題はあるだろう。

2 ルール14 根拠 【ヨムとは、ある呪的テクストに媒介される発言行為である。ウタの表出のばあい、ヨマれるべきテクストとは、祭式に由来する神語《カミゴト》・神託のたぐいであり、またそれらが固定化・断片化して伝承された神授のフルコト（諺《ことわざ》・枕詞）、ないしは、それと「同様のものと見なされ」えた古歌・本歌である。それら広義のフルコトに媒介されることで、ウタは表現としての威力を保証される。】 **とすれば**、主張 【ウタ（→和歌）の呪的本質は、そのヨムという行為、表現形式において集中的に問題化している。】

3 意思（心）の表出は、ある呪的なテクスト（に内在する神意）に媒介されることで、表現としての威力を保証されたわけだ。呪力の根源にある神というのが、じつは共同体成員の共同的な意思・願望の対自化された存在であってみれば、呪物・呪詞が内在する呪性（神意）というのも、じつは［　ア　］にほかならない。**すなわち**、表現を媒介する「自然物や伝承的な事実」は、「村落の人々の共同の観念によって、認

ルール10 読解 「類似」に注目する！

→61ページ

「類似」のフレームに当てはめて、A・B・X（似ている点）を整理しましょう。

A：和歌の創作
B：古歌の伝誦
X：「ヨム」という語で認識される

ルール14 読解 「主張」に伴う「根拠」を意識する！

筆者は「主張」する際、読者に納得してもらえるような「根拠」を挙げます。このような「根拠。したがって、主張」という形を「論証」といいます。

□「根拠」とすれば、「主張」
□「根拠」そうである以上、「主張」

知されたかぎりにおける名辞であって」、共同的な観念（意思）の象徴としてあるテクスト（呪物・呪詞）なのである。

ルール14 根拠

4 【テクストが内在・象徴する〈神意〉すなわち共同観念に媒介されることで、祭式における呪的な言い立て（ウタ）は「［ イ ］」を保証される。】（主張）[とすれば]、【ウタが発生的に負わされた呪的テクストに媒介される表現形式というのも、じつは言語表現の共同性の問題であり、それは、ウタが祭式言語として（祭式における共同的な意思表出として）発生・伝承されたことから［ ウ ］表現の形式だったろう。】

5 ほんらいウタの表出はウタフであったにちがいない。それがいっぽうで、ヨムといわれる少なくとも最初の原因は、祭式言語としてのウタが、その発生時から負わされた表現の形式に由来していた。(1) 祭式の場での予祝や祈願、また農耕の作業歌[など]は、フルコトに媒介されることで、表現の呪性（共同性）を保証される。(2) [すなわち]、［ エ ］形式をとることで、ウタは共同性の表現として、したがってまた祭式言語として伝承されるわけだ。(3) [すなわち]、叙景や恋の創作歌において、［ エ ］という形式が、和歌表現の様式＝制度として持続したわけだが、そのことは、和歌の表出がヨムといわれる根拠であるとともに、日本的抒情詩としての和歌・和歌史の本質を規制したもっとも根柢的な問題であった。(4)

6 和歌をヨムとは、そのヨムという行為において、ヨミ手の個的な心・経験の表出を、和歌世界の共同性に転位する――自己同一化《アイデンティファイ》する行為である。

（c そこに和歌の詠出は、古歌の暗唱とともにヨムという語で類同的に認識される根拠《根拠》もあったろう。

b そして共有される和歌世界が、同時に王朝社会成員の共同性、その社会的アイデンティティを保証する根拠でもあった。）

d **そうである以上**、和歌における詩的イデオロギーの問題は、そのヨムという行為＝表現形式において集中的に問題化している。

a ルール4 和歌はヨムもので、**たとえば**ツクルもの**ではなかった**。

e **むしろ**ツクルといわれたばあいの特異な例が、ヨマれるべき和歌の本質を逆にうかがわせる。

意味段落Ⅱ 「和歌集によって受け継がれてゆく共同性」

7 「歌つくり」といわれた藤原定家が、後鳥羽院によって「心」なしと評されたその「心」とは、個々の歌人をこえて共有されるべき和歌世界の「心」であった。後鳥羽院が『新古今和歌集』の編纂《へんさん》を企てたことは、おそらく院が、中世初頭における〝日本〟という国家＝共同体のありようを（地域・階級による差異を超えて）一元的に再構成しようとしたことと不可分の問題だろう。**そのような** A 後鳥羽院の政治（＝祭祀）理念とのかかわりにおいて、「心あるやうなるをば庶幾《しょき》せ」ぬ定家が否定的に評価されたのだとすれば、「近代」の歌体（定家に代表される歌体）にたいする後鳥羽院の危機感とは、承

ルール4 読解
「対立関係」（否定）を整理して「主張」や「重要な情報」をとらえる！

「否定」のフレームは「AではなくB」という形が代表的ですが（→10ページ）、倒置形の「Bであって、Aではない」も出てくることがあるので、覚えておきましょう。

「否定」のフレーム
□Bであって、Aではない。

「和歌」
ヨムもの＝「共同性の表現」であって
⇔ **対立関係（否定）**
ツクルもの＝「個性の表現」ではない

久の変（乱）をひきおこした院の政治的危機感とも表裏をなしたにちがいない。

8 **そして**重要なことは、そのような「歌つくり」の定家において**さえ**（ルール9 並列）、承久の乱以後の危機的な政治情況のなかで、歌風はしだいに平淡化し、既存の和歌世界（「歌の心」）の範囲内で保守化の方向をたどるという事実である。**すなわち**、定家が単独で撰した『新勅撰和歌集』（一二三五年）の歌風だが、同時にこの時期の定家が、『古今和歌集』や『源氏物語』をはじめとする王朝古典のテクスト校訂、注釈（ヨミ）にひたすら没頭してゆくの**も**、王朝の社会的危機の深刻化と不可分の問題であったろう。

9 定家の晩年の歌風が、その子為家をへて、二条派の正統にうけつがれてゆく。和歌をヨム行為が（王朝の危機の深刻化とともに）イデオロギー的に純化されれば、和歌表現はいよいよ既存の和歌世界に収束し、したがって千篇一律化してゆくのは和歌史の必然の方向だったろう。それらの和歌について、〈文学〉的価値の有無をいうこと自体、それほど意味のあることとはおもえない。

10 **たとえば**、二条派ふうの月並み和歌について、（ルール22 引用）（「研究家・鑑賞者の差別・批判の能力を衰弱せしめるに十分な類型の堆積」といい、「寧《むしろ》、劫火《ごうか》の降《くだ》って整理してくれることを望んでいる」とのべたのは、折口信夫《おりくちしのぶ》（一八八七―一九五三、民俗学者、歌人、詩人）である。）**しかし**その「類型の堆積」のなかに、**むしろ**（ルール22 引用）（「現在を問うて類型を追うていった心」をいい、「類型によって燃焼させねばならなかった精神」について論じたのは、「後鳥羽院以後の隠遁（草莽）詩人の系譜」をいう保田與重郎《やすだよじゅうろう》（一九一〇―八一、文芸評論

≫ルール9 読解

「並列関係」は並べる事柄とその対応を整理する！

→43ページ

「定家においてさえ」は「後鳥羽院」に加えて「定家も保守化した」という「**添加**」を表します。

・後鳥羽院
― 並列関係（添加）
・定家
←
・政治的危機感から保守化

≫ルール22 読解

「引用」は「筆者の主張」とセットでとらえる！

→58ページ

筆者の主張の「具体例」として、他者の意見を「引用」することもあります。その場合は「引用」が「具体例」となることにも注意しましょう。

家〉であった。】たしかに保田のいうように、中世以降の和歌は、ある非在の共同性へつらなる「志をいう」ものであった〈それは幕末の草莽歌人のばあい、かれらが共同体原理としての天皇を発見する回路にもなっている〉。主張【二条派の和歌がかりに無個性・無内容であるとしても、むしろその『古今和歌集』的な無個性の反芻《はんすう》にこそ、和歌をヨム行為の正統的な本質はあったはずである。】

ルール34
11 【たとえば、二条派でも京極派でもない正徹《しょうてつ》〈一五世紀ごろの歌僧〉が、二条為世《ためよ》〈定家の曽孫〉の歌風を「極真なる体」と評して、「歌は極真に詠ぜば道にたがうまじきなり」としているのは、和歌表現の本質を正確にいいあてている。また、今日的な鑑賞眼からは高い評価をえている京極派の歌風が、たとえば、『野守鏡』〈一三世紀の歌論、二条派の立場から京極派を非難する〉において「乱世の声」と批判されることも、おそらく、二条派対京極派といった党派的争いの次元をこえた問題だろう。】

12 主張【後鳥羽院の遺志をついだ後醍醐天皇が、二条派の歌人と結びつき、また二条派ふうの平淡・保守的な歌風が、政治的にはラディカルであるはずの南朝周辺歌人によって支持された、という和歌史的事実の意味は重大である。】ルール16 具体例【たとえば、二条派の歌人で南朝政権のイデオローグ、北畠親房《ちかふさ》は、南北朝時代を代表する古今学者でもある。親房の企てた『古今和歌集』全二十巻の注釈とは、要するにかれの『神皇正統記《じんのうしょうとうき》』の述作とイデオロギー的に補完しあうものであった。】

13 主張【北朝に結びついた京極派の歌風が室町初期に消滅してのちも、二条派の歌風は、

≫ルール34 読解 「具体例」が長い場合には、はじめと終わりに（ ）を付けて読み飛ばす！

近年頻出の超長文で読む時間が足りなくなった場合や、「具体例」の中身が難解な場合には「具体例」に（ ）を付けて筆者の主張だけとらえたらさっと読み飛ばす方法もあるので、覚えておきましょう。

≫ルール16 読解 「具体例」前後の「筆者の主張」を見抜く！

→26ページ

地下《じげ》の連歌師たちをまきこむかたちで堂上《とうしょう》歌壇にうけつがれてゆく。（ルール38 具体例）（堂上歌壇の形式主義を「大なるつくり事」「大に歌道の本意にそむ」くとして批判した本居宣長《もとおりのりなが》（一八世紀の国学者・文学評論家）においてさえ、京極派の撰した玉葉《ぎょくよう》・風雅《ふうが》の二集は、「はなはだ風体《ふうてい》あしし。凡此道《おおよそこの》古今を通じてみるに、此二集ほど風体あしきはなし」であり、二条派の歌風こそが「正風」であった。「よみ歌には、いくたびもいくたびも古今を手本にする也」という宣長のばあい、「歌は物のあはれをしるよりいでくる」ものとされる。いうまでもなく宣長の「物のあはれ」論とは、『古今和歌集』仮名序の「歌の心」を「しる」の延長上に定式化されたナショナリズムであった。）

14 たとえば、和歌の定型は、なぜいまもって私たちの耳にこころよいのか——。それはおそらく〝日本〟という、私たちの共同性のありかにかかわる問題である。和歌をヨム行為を、近代的な意味での〈文学表現〉あるいは〈創作〉としてとらえるなら、和歌史における最重要の基本線を見あやまることになる。詩としての価値をいうなら、後鳥羽院ではなくてむしろ定家、二条派の「正風」よりは京極派の異風が問題になるだろうか。そしてそれらがいずれも和歌史（というより和歌それ自体）から逸脱した部分であるところに、私たちの〈文学〉の尺度からはみだす和歌・和歌史の問題もある。

意味段落Ⅲ 「近代短歌における短歌の定形の問題」

15 和歌をヨムとは、そのヨムという行為において、ヨミ手の個的な心・経験の表出を、

» ルール38 読解 発展

「包摂関係」に注目して「具体例」を見抜く！

「具体例」には必ず目印となる表現があるとは限りません。目印がない「具体例」に関しては「包摂関係」から「具体例」を見抜きましょう。

「包摂関係」

□大きいグループ→抽象

⊃

□小さいグループ→具体

例「生物」＝大きいグループ→抽象

⊃

「犬」＝小さいグループ→具体

「生物」は「犬など」と言えますし、「生物のひとつ」として「犬」がいます。「…など」「…のひとつ」が「具体例」を表すのも、こうした「包摂関係」があるからなのです。

和歌世界の共同性に転位する行為である。おそらく和歌が、個的抒情の表現として現実の経験世界にまで降りてくるには、そのヨムという行為および表現形式自体が相対化される必要があったろう。そうした 主張【和歌表現の様式が相対化、あるいは破壊されることによってのみ、和歌は、C 和歌世界（歌の心）という非在の共同性から解放されたはずである。】

ルール16 具体例
16 【たとえば、近代の正岡子規（一八六七—一九〇二、俳人、歌人）において、「歌よみ」の語は、批判されるべき堂上歌壇（明治の御歌所《おうたどころ》派）にたいしてだけむけられる。『歌よみに与ふる書』において、子規は自分らのことをけっして「歌よみ」とはいわないのである。】譲歩【たしかに子規は、和歌表現の様式を破壊することで、〈個〉の表現としての近代短歌を創出したのである。短歌が個的・経験的な日常世界にまで下降したわけだが、】ルール7 逆説 しかし【その子規の短歌において、近代の〈個〉の表現であることが、じつは明治新国家というあたらしい共同性の表現でもあった】という逆説は、また別の問題として考えられる必要がある。それは日本近代文学の始発が共有する問題であるとともに、むしろそれ以上に、短歌形式という定型の問題——すでにのべたように、短歌の定型においてもっとも安定的に構造化された和歌表現の様式の問題であった。

≫ ルール7 本文の矛盾は「逆説」を疑う！ 読解

「逆説」とは一見矛盾しているが、実は一面の真理を言い表している表現のことです。現代文では「本文に書かれていることは正しい」と考えるのが基本です。矛盾しているように見える表現は「逆説」として正しいことを言っているのではないかと疑い、筆者の言いたいことをとらえるようにしましょう。

「逆説」のフレーム

□Aすると、かえってB（＝Aの反対）
□Aと同時にB（＝Aの反対）

読解マップ

意味段落Ⅰ 「和歌の創作をヨムというのは、共同性の問題」（1〜6）

・創作と伝誦《でんしょう》という異なる二つの行為が、ともにヨムという語で類同的に認識される
・ウタの本質は、和歌をヨム行為、表現形式にある
・ウタの表現形式は言語表現の共同性を伝承する形式だった

↓

ウタはヨムもの＝「共同性の表現」であって、ツクルもの＝「個性の表現」ではない

意味段落Ⅱ 「和歌集によって受け継がれてゆく共同性」（7〜14）

王朝の危機の深刻化（日本の「心」が失われていく恐れ）

↓

「和歌集」によって古くから受け継がれる共同性を保守しようとする（日本の「心」を再確認する）

本文要約

和歌の創作をツクルではなく、古歌の伝誦とおなじくヨムというのは、個的な心・経験の表出を和歌世界の共同性に転位することを示す。歴史的にも、和歌は王朝の危機の深刻化とともに、既存の和歌世界の内で保守化していった。近代になると、〈個〉の表現であることに文学的な価値が置かれる。そのような近代的な〈個〉の表現である短歌もまた、短歌形式という定型構造に和歌の定型という共同性を受け継いでいる。

重要語句

□1 伝誦《でんしょう》＝口から口へととなえ伝えること
□5 祭式《さいしき》＝神祭りを執行する法式
□11 共同体《きょうどうたい》＝血縁や地縁に基づいて自然的に発生した社会関係
□15 象徴《しょうちょう》＝抽象的な概念を、より具体的なも

和歌について「〈個〉の表現」という近代文学的な意味での価値の有無をいうこと
自体、無意味

むしろ「無個性」の反芻《はんすう》にこそ和歌をヨム行為の正統的本質がある

意味段落Ⅲ「近代短歌における短歌の定型の問題」（15～16）

近代短歌は和歌表現の様式を破壊することで、「〈個〉の表現」となった

⇔

子規の短歌が「〈個〉の表現」であることが、明治新国家という新しい「共同性の表現」でもあった（逆説）

＋

近代短歌も短歌形式（五・七・五・七・七）という定型を構造的に受け継いでいる

のごとや形によって表現したもの

□27 叙景《じょけい》＝自然の風景を詩文に書き表すこと

□32 転位《てんい》＝位置が変わること

□37 イデオロギー＝政治や社会生活にあたって根本となる考え方や思想

□44 編纂《へんさん》＝色々の原稿や材料を集めて整理し、書物の内容を作りあげること

□52 保守《ほしゅ》＝旧来の習慣、制度、組織、方法などを重んじ、それを保存しようとすること

□56 正統《せいとう》＝始祖の教え（学説）を忠実に受け伝えていること

□62 堆積《たいせき》＝物が幾重にも高く積み重なること

□79 ラディカル＝急進的。革新的

□81 イデオローグ＝イデオロギーの創始者や代表者

□102 相対化《そうたいか》＝他のものとの関係・比較において成り立ち、存在すること

□112 逆説《ぎゃくせつ》＝パラドックス。一見矛盾するようだが、真理を表す表現

設問解説

問1 空所補充問題　難易度★

ステップ1　空所を含む一文を分析する（ア）　≫ルール44→14ページ

（主部）呪力の根源にある神というのが、じつは共同体成員の共同的な意思・願望の対自化された存在であってみれ[ば]、〈呪物・呪詞が内在する呪性（神意）というの[も]〉、じつは［　ア　］にほかならない。

助詞の「も」があるので、**「類似」のフレーム**（→61ページ）が使われているとわかります。

> ≫ **ルール10** 読解
> **「類似」に注目する！**
> →61ページ

ステップ2　解答の根拠をとらえる（ア）

3 ……〈呪力の根源にある神というのが〉、じつは共同体成員の共同的な意思・願望の対自化された存在であってみれば、

≒ **類似**

〈呪物・呪詞が内在する呪性（神意）というの[も]〉、じつは［　ア　］にほかならない。

「AはXである。BもXである」という**「類似」のフレーム**により、空所**ア**にはX部分（類似点）が入るとわかるので、そこを根拠として解答します。

類似点＝共同体成員の共同的な意思・願望の対自化された存在

ステップ3　解答を決定する（ア）

以上より、解答は①「対自化・客観化された共同体の意思・意向」となります。

②・③は「共同的な意思・願望」も「対自化」もないため誤りです。④は「無効化・無力化」「共同体の諦念・諦観」が

それぞれ「対自化」「共同的な意思・願望」でないため、誤りです。

ステップ1 空所を含む一文を分析する（イ）

〈テクストが〉内在・象徴する〈神意〉すなわち共同観念に媒介されることで、〈祭式における呪的な言い立て（ウタ）は〉「［　イ　］」を保証される。

（主部）

「媒介されること」で「ウタ」が何を「保証される」のか説明している文を探しましょう。

ステップ2 解答の根拠をとらえる（イ）

2 ……それら広義のフルコトに媒介されることで、ウタは表現としての威力を保証される。

ステップ3 解答を決定する（イ）

以上より、解答は③「言葉としての威力」となります。

他の選択肢は「威力」がないため誤りとなります。

ステップ1 空所を含む一文を分析する（ウ）

とすれば、〈ウタが発生的に負わされた呪的テクストに媒介される表現形式というのも〉、

じつは言語表現の共同性の問題であり、

〈それは〉、ウタが祭式言語として（祭式における共同的な意思表出として）発生・伝承されたことから［　ウ　］表現の形式だったろう。

（主語）

ウタの「表現形式」について述べた部分を探しましょう。

ステップ2 解答の根拠をとらえる（ウ）

5 ほんらいウタの表出はウタフであったにちがいない。それがいっぽうで、ヨムといわれる少なくとも最初の原因は、祭式言語としてのウタが、その発生時から負わされた表現の形式に由来していた。

ウタの「表現形式」は「負わされた」ものだとわかるので、この部分を根拠として解答を選びましょう。

ステップ3　解答を決定する（ウ）

以上より、解答は④「不可避的に負わされた」となります。他の選択肢は①「定義された」、②「義務づけられた」、③「排他的に」が5段落などに示されたウタの表現形式とは趣旨が異なるため、誤りだと判断できます。

ステップ1　空所を含む一文を分析する（エ）

すなわち、［　エ　］形式をとることで、（主語）〈ウタは〉共同性の表現として、したがってまた祭式言語として伝承されるわけだ。すなわち、叙景や恋の創作歌において、［　エ　］という形式が、和歌表現の様式＝制度として持続したわけだが、そのことは、和歌の表出がヨムといわれる根拠であるとともに、日本的抒情詩としての和歌・和歌史の本質を規制したもっとも根柢的な問題であった。

空所**エ**は二箇所あり、どちらの文も「すなわち」が使われています。「すなわち」は「説明」の接続表現なので、前を見ましょう。

ステップ2　解答の根拠をとらえる（エ）

5 ほんらいウタの表出はウタフであったにちがいない。それがいっぽうで、ヨムといわれる少なくとも最初の原因は、祭式言語としてのウタが、その発生時から負わされた表現の形式に由来していた。祭式の場での予祝や祈願、また農耕の作業歌などは、フルコトに媒介されることで、表現の呪性（共同性）を保証される。すなわち、……

ウタはフルコトをヨムことで、表現の共同性を保証される

ステップ3　解答を決定する（エ）

以上より、解答は③「フルコトをヨム」となります。

①は「ウタフ」が誤りです。ウタは本来「ウタフ」でしたが、「ヨム」と言われるようになった話をしています。②は「ウタを」が誤りです。空所の部分は「フルコトに媒介されることで」と重なりますので、「フルコト」というポイントが必要です。④は「ツクル」が誤りです。「フルコト」は「ヨム」もので、「ツクル」ものではありません。

ここで注意したいのが空所**エ**を含む[5]段落には脱文補充の設問もあるということです。そちらを先に確定させてから空所**エ**の選択肢を吟味するのも一つの方法です。二つ目の空所**エ**は（**3**）に入る脱文の一部「ウタの表現形式が、ウタが祭式の場を離れてのちも持続した」を受けて「すなわち」と続きますので、「フルコトをヨム」を入れて問題がないか確認しておきましょう。

問2 **脱文補充問題** 難易度★

≫ルール45 解法 **脱文補充問題は「解答へのステップ」で解く！**

脱文補充問題の解答へのステップ

ステップ1 **脱文を分析する**

脱文の中にある「つながりを示す表現」＝「指示語」と「接続表現」に注目します。「主語（部）」も押さえておきましょう。

ステップ2 **前後の文とのつながりを確認する**

脱文補充問題では脱文が入る箇所の候補が複数示されることが多いので、それぞれの箇所の前後が脱文とつながる内容かどうか確認します。

ステップ3 **解答の根拠をとらえる**

ステップ1・ステップ2をもとに、自然なつながりになる箇所を考えます。

ステップ4 **解答を決定する**

ステップ3でとらえた根拠をもとに解答を決めます。

ステップ1 脱文を分析する

[しかし]〈ここで問題となるのは〉主部、[そのような]祭式に由来するウタの表現形式が、ウタが祭式の場を離れてのちも持続したということである。

「そのような」という「まとめ」の指示語があるので、その前では「祭式に由来するウタの表現形式」についての詳しい説明があるとわかります。

そして、「しかし」という逆接の接続表現があるので、「ウタが祭式の場を離れてのちも持続した」が前の文から予想外の展開であることがわかります。

ステップ2　前後の文とのつながりを確認する

「**本文解説**」を参照し、5段落の（**1**）〜（**4**）の前後を確認してください。

（**1**）（**2**）の前後は「祭式に由来するウタ」の説明となっています。

一方、（**3**）の後では「叙景や恋の創作歌」について書かれており、「ウタが祭式の場を離れてのち」の説明になっているとわかります。

（**4**）の前には5段落をまとめる内容が示されています。

ステップ3　解答の根拠をとらえる

「祭式に由来するウタ」

⇔　対立関係

「ウタが祭式の場を離れてのち」

ステップ4　解答を決定する

以上より、解答は（**3**）となります。

脱文を補充して、「指示語」「接続表現」がきちんと働くことを確認しておきましょう。

すなわち、**エ**（フルコトをヨム）形式をとることで、ウタは共同性の表現として、したがってまた祭式言語として伝承されるわけだ。しかしここで問題となるのは、そのような祭式に由来するウタの表現形式が、ウタが祭式の場を離れてのちも持続したということである。すなわち、叙景や恋の創作歌において、**エ**（フルコトをヨム）という形式が、和歌表現の様式＝制度として持続したわけだが……

問3　文整序問題　難易度★★

≫ ルール46　解法　文整序問題は「解答へのステップ」で解く！

文整序問題の解答へのステップ

ステップ1　並べ替える文を分析する

並べ替える文それぞれについて、「つながりを示す表現」＝「指示語」「接続表現」や「主語（部）」を押さえます。

ステップ2　つなげやすい文からつなげる

ステップ1をもとに、自然なつながりになる並びを考えます。全ての文のつながりがわからなくても解ける問題もあるので、まずはつなげやすい文を探しましょう。

ステップ3 解答を決定する

ステップ2 をもとに解答を決めます。

ステップ1 並べ替える文を分析する

a 〈和歌は〉ヨムもので、たとえばツクルものではなかった。

「指示語」や、文頭の「接続表現」がないので、前の文につなげる優先順位は低いです。

b そして〈共有される和歌世界が〉、同時に王朝社会成員の共同性、その社会的アイデンティティを保証する根拠でもあった。

「そして」は単純接続の用法があり、どのような内容ともつなげられるので、前の文につなげる優先順位は低いです。

c そこに〈和歌の詠出は、古歌の暗唱とともにヨムという語で類同的に認識される根拠も〉あったろう。

「そこ」という指示語が使われており、「和歌の詠出は、古歌の暗唱とともにヨムという語で類同的に認識される根拠」が前の文にあるとわかります。

d そうである以上、〈和歌における詩的イデオロギーの問題は〉、そのヨムという行為＝表現形式において集中的に問題化している。

「その」という指示語が使われているので、前の文に「ヨムという行為」があるとわかります。

e むしろ〈ツクルといわれたばあいの特異な例が〉、ヨマれるべき和歌の本質を逆にうかがわせる。

「むしろ」とあるので、前には反対の内容があるとわかります。

ステップ2 つなげやすい文からつなげる

「Aではない。むしろB」というのはAとBに反対の内容がくることが多い**「否定」のフレーム**です。このことから「**a→e**」という順番が考えられます。

a「和歌はヨムもので、たとえばツクルものではなかった。」
⇔ 対立関係
e「むしろツクルといわれたばあいの特異な例が、ヨマれるべき和歌の本質を逆にうかがわせる。」

ステップ3 解答を決定する

以上より、解答は②「**c—b—d—a—e**」となります。「**a→e**」という順番が含まれている選択肢はこれしかありません。

最後に②の流れ通りに読み、文脈に不自然さがないかを確認しておきましょう。

問4 傍線部内容説明問題 難易度★★ ≫ルール41→50ページ

ステップ1 傍線部を含む一文を分析する

そのような A後鳥羽院の政治（＝祭祀）理念とのかかわりにおいて、〈「心あるやうなるをば庶幾《しょき》せ」ぬ定家が〉否定的に評価されたのだとすれば、〈「近代」(主部)の歌体（定家に代表される歌体）にたいする後鳥羽院の危機感とは〉、承久の変（乱）をひきおこした院の政治的危機感とも表裏をなしたにちがいない。

「そのような」という「まとめ」の指示語が使われているので、指示対象を求めましょう。

ステップ2 解答の根拠をとらえる

7 ……後鳥羽院が『新古今和歌集』の編纂《へんさん》を企てたことは、おそらく院が、中世初頭における〝日本〟という国家＝共同体のありようを（地域・階級による差異を超えて）一元的に再構成しようとしたことと不可分の問題だろう。

そのような A後鳥羽院の政治（＝祭祀）理念とのかかわりにおいて……

指示対象の部分を根拠にして、解答しましょう。

ステップ3 解答を決定する

以上より、解答は④「和歌世界が、朝廷を中心とした王朝社会の共同性や社会的同一性を保証していたという認識のもとに、中世において同様の構造を回復させようとした。」となります。「同様の構造を回復させようとした」という部分が「共同体のありようを一元的に再構成しようとした」の説明になっています。「再構成」にあたる説明が入っている選択肢は④しかありません。

①は「日本という国家を統治しようとした」、②は「国家を統治しようと試みた」が誤りです。「統治」はすでにしています。

③は「今度は『新古今和歌集』[に]中世初頭の共同性をくまなく体現させよう」が誤りです。「『新古今和歌集』[で]共同性を再構成しようとした」のです。助詞の使われ方に注意しましょう。

ルール54 解法
選択肢の検討では「助詞の使われ方」にも注意する！

名詞や動詞などが似ていても助詞を入れ替えれば、文の意味は変わります。選択肢を検討するときは「助詞の使われ方」にも注意しましょう。

問5 傍線部内容説明問題 難易度★★

ルール41→50ページ

ステップ1 傍線部を含む一文を分析する

〈二条派の和歌が〉かりに無個性・無内容であるとし[ても]、[むしろ][その]『古今和歌集』的な無個性の反芻《はんすう》に[こそ]、〈和歌をヨム行為の正統的な本質は〉（B・主部）あったはずである。

筆者の個人言語である「ヨム」の本質がわかればよいので、「ヨム」の定義を求めましょう。

ステップ2 解答の根拠をとらえる

6 和歌をヨムとは、そのヨムという行為において、ヨミ手の個的な心・経験の表出を、和歌世界の共同性に転位する——自己同一化《アイデンティファイ》する行為である。

この部分をもとにして、解答を選びましょう。

ステップ3 解答を決定する

以上より、解答は②「和歌の読み手の個性を、和歌世界の共同性に転位すること。」となります。

①は『古今和歌集』をよく咀嚼《そしゃく》した」が誤りです。これは二条派の和歌の説明であって、和歌の本質ではありません。

③は「二条派に代表される実践」が誤りです。「実践」は「本質」ではありません。

④は「詩的理念を、社会的にも実現させる」が誤りです。これは後鳥羽院の試みです。

問6 傍線部内容説明問題 難易度★★ ≫ルール41→50ページ

ステップ1 傍線部を含む一文を分析する

そうした和歌表現の様式が相対化、あるいは破壊されることによってのみ、〈和歌は〉（主語）、C和歌世界（歌の心）という非在の共同性から解放されたはずである。

「そうした」という「まとめ」の指示語が使われているので、指示対象を求めましょう。また、「Bによってのみ、Aだ」は**「条件法」のフレーム**（→34ページ）に当てはまることにも注目しましょう。

ステップ2 解答の根拠をとらえる

15 ……おそらく和歌が、個的抒情の表現として現実の経験世界にまで降りてくるには、そのヨムという行為および表現形式自体が相対化される必要があったろう。そうした和歌表現の様式が相対化、あるいは破壊されることによってのみ、……

「そうした」の指示対象は前の文にありますが、前の文の「Aするには、Bする必要がある」も**「条件法」のフレーム**に当てはまります。

前の文と傍線部を含む文は「条件法」のフレームを使った言い換えになっています。傍線部は**A**の部分にあたるので**B**の要素も含めて、対応を整理しましょう。

A

和歌が、個的抒情の表現として現実の経験世界にまで降りて

くる（には）

＝

和歌は、C和歌世界（歌の心）という非在の共同性から解放される

B（条件）

ヨムという行為および表現形式自体が相対化される（必要がある）

＝

和歌表現の様式が相対化、あるいは破壊されること（によってのみ）

ステップ3 解答を決定する

以上より、解答は①「祭式的に和歌をヨミ続けるという行為とその表現形式が、相対化され、破壊されたことで、和歌は共同体から自律し、経験世界の抒情を表現する近代短歌としてうまれ変わったということ。」となります。「個的抒情の表現として現実の経験世界にまで降りてくる」という内容が入っている選択肢はこれしかありません。

②は「束縛していた」が誤りです。傍線部は「解放」で終わっていますので、「束縛」で終わることはできません。

③は「個的抒情の表現として現実の経験世界にまで降りてくる」という内容がないので、誤りです。

④は「和歌の本質や和歌の歴史は、……持続してきた」が誤りです。「共同性からの解放」になっていません。

Lesson 7

解答・解説

▼問題 別冊 63ページ

このレッスンで出てくるルール

ルール31 読解 「心情」をとりまく原因や結果を押さえる！
ルール12 読解 「因果関係」は表現で見抜く！
ルール21 読解 「エピソード」で「登場人物の心情」をとらえる！
ルール18 読解 「比喩」は「何を／何にたとえているか」「共通点は何か」を整理する！
ルール32 読解 「心情の変化」を見逃さない！
ルール49 解法 心情把握問題は「解答へのステップ」で解く！ ⇒問1
ルール33 読解 直接導けない「心情」は「特殊事情」を読み取る！ ⇒問1

解答

問1 ③　問2 ②　問3 ①　問4 ②
問5 ④　問6 ③

出典：原田《はらだ》康子《やすこ》『挽歌《ばんか》』

意味段落Ⅰ 「『わたし』の久田に対する恋愛感情」

病気で女学校を退学した「わたし」と、芸術大学の試験に三度失敗した久田幹夫は、アマチュア劇団みみずく座の美術係をしている。ある日知り合いの桂木家にチケットを売りに行った「わたし」は、桂木家の夫人が道で若い男と別れ話でもめているらしい現場に遭遇した。数日後、博物館に久田とともに劇に使う海猫《ウミネコ》の剝製《はくせい》を借りに行った帰り道、「わたし」は貧血を起こし、久田に背を支えられた。

ルール31 原因
【わたしの背には、まるで彼の腕の形がそのまま彫りつけられたように固い腕の感触がのこっていた。】A そのことに気づくと、【心情 わたしは奇妙な戸惑いをかんじた。】原因【わたしたちは長いあいだつきあい、一緒にみみずく座の仕事をし、なにかの折にからだや手の触れ合うことはあったが、そのときの感触はあとに残るようなものではなく、まして背を抱きかかえられたことなど一度もない。】わたしは久田幹夫を好きだが、彼にたいするわたしの愛情といえば、あるときは彼に憧憬《あこが》れ、あるときは憎らしくもなる小さな感情の起伏がつづく、B（まるで慢性疾患のような）、たちのよくない性質のものであった。それにわたしは一度だって彼に抱きかかえられたいと思ったことはな

ルール18 比喩 （→116ページ）

≫ルール31 読解 「心情」をとりまく原因や結果を押さえる！

小説や随筆などの文学的文章では「心情」を中心とした「あらすじ」をとらえる必要があります。心情表現に注意するとともに、「なぜその心情になったのか（原因）」「その心情の結果、どういう行動や反応や発言をしたのか」というところを押さえながら読んでいくと、「あらすじ」がつかめます。

「心情」のフレーム

原因 心情が発生する原因となった事態や事情
↓
心情
↓
結果 心情の結果としての行動や反応や発言

かった。

結果【久田幹夫がわたしの背を支えた】のは、原因【わたしが貧血を起した】ルール12 せいである。その他の理由はない。しかし原因【抱きかかえられたことに間違いはないのだ。】そう考えると、心情【わたしはなんとなく面映《おもは》ゆくなって、】結果【片手で頬を押えてうつむいた。】

ルール21 エピソード【久田幹夫も頬杖《ほおづえ》をついていたが、煙草《たばこ》をくわえると、黙ってわたしのほうに煙草の袋を投げてよこした。新生の紙の袋は、いくらかしめっていた。

わたしは煙草に火をつけると、黙っているのが気詰りになってきた。

「白鳥の剝製みた？」

と、わたしは早口に喋《しゃべ》りだした。

「たぶん生きてる白鳥よりも死んだ白鳥のほうが美しいのだと思うわ。魂がないということだけでも素敵でしょ。描《か》きなさいよ、ね、剝製をモデルにして。白鳥の死ってタイトルはどこかにあったかしら。白鳥の湖はチャイコフスキー、白鳥の歌はシューベルト。パヴロワは瀕死の白鳥……」

気障《きざ》な言葉を、しかもとりとめもなく喋っているのをわたしは感じた。

「わたしをモデルにして。死んだ白鳥と、白鳥の死骸をよろこんで抱いている不遜《ふそん》の娘との取合せ……っていうのはいいでしょ。いい思いつきよ」

久田幹夫は相槌《あいづち》も打たず、こたえもせずにだまってわたしの顔をみつめていた。彼

≫ ルール12 読解 「因果関係」は表現で見抜く！

小説の読解では物語の「筋（あらすじ）」をとらえることが重要になってきます。その「筋（あらすじ）」とは「因果関係」のことです。因果関係を表す表現に注意しながら読んでいきましょう。

「因果関係」を表す表現

小説でよく出る「因果」のフレーム

□AのせいでB

□BはAのせい

の濃い眉はすこしひそめられていた。そしてやや鋭い感じの彼の顔には、気づかわしさと、苦痛と、惑いのような表情がこめられていた。そんな顔で久田幹夫がわたしをみたことはなかった。わたしはたじろぎをかんじた。

「怜ちゃん」と、彼はしかし落着いた声で話しかけた。

「きみ、このごろどこか悪いんじゃないか?」

「悪くないわ、どこも」

からだのことを言えば、わたしが不機嫌《ふきげん》になるのを彼はよく知っている筈《はず》なのに……と思いながら、それでもわたしは平静な声で否定した。

「いつかも、ひどく蒼《あお》い顔してたぞ」

「いつ?」

小さな土鍋《どなべ》に入った鍋焼うどんが運ばれてきた。滑《なめ》らかな白い玉うどんの上に、蒲《かま》鉾《ぼこ》や鳥肉や椎茸《しいたけ》、海苔《のり》、長葱《ながねぎ》がのっていた。湯気《ゆげ》があたたかくわたしの顎《あご》にかかりひなびたその匂《にお》いにわたしは懐《なつか》しさをかんじた。わたしのからだはまだ倦《だ》るかったが、わたしはいくらか食欲をそそられた。しかしわたしは箸《はし》を取るまえに久田幹夫に聞き返した。

「いつかって、いつのこと?」

「きみが切符《きっぷ》を売りに行った夜さ。帰ってきたときみは真蒼《まっさお》な顔をしてた……」

≫ ルール21 読解
「エピソード」で「登場人物の心情」をとらえる!

小説文でも「エピソード」が出てきます。小説のエピソードは登場人物の「心情」を印象付ける効果があります。ですから、「心情」をとらえることを目的として「エピソード」を読んでいきましょう。

△エピソード
↓
◎登場人物の心情

おどろいて、わたしは彼をみつめた。しかし久田幹夫はそれ以上なにも言わなかった。）

意味段落Ⅱ「久田も『わたし』を愛しはじめているかもしれない」

桂木家から帰った夜、わたしは確かに蒼い顔をしていたに違いない。だがあの夜わたしは笑ったり騒いだりしながら、舞台脇《わき》の空部屋で遅くまでポスターを描きつづけたのだ。わたしは、わたしの仲間に心の動揺を気取《けど》られまいとした。それを、久田幹夫は気づいて、しかも忘れずにいたのだろうか。霙《みぞれ》のなかを並んで帰りを急ぎながら、わたしは、久田幹夫があの夜の顔の青さを気に止めていたことにこだわりつづけた。しかし、わたしには、彼もわたしがショックを受けたことまでは感ぜず、ただ顔色の悪さを気にしたように思われた。とすると、わたしにはまた別な疑いがわいた。久田幹夫がわたしのからだのことを気づかうのは、わたしを愛しているせいかも知れない、とわたしは思ったのである。

わたしたちが市民会館にもどると、また忙しさが待ち受けていたが、わたしは帰途にわいた疑いを忘れることができなかった。わたしは久田幹夫にわたし以外に付き合っている女の友達がいないことを知っているし、彼がわたしに好意を持っていることも知っている。それはたぶんわたしと同程度の（慢性疾患的な愛情）［ルール18 比喩］の筈であった。わたしは、彼も（慢性の、癒《なお》ることもないかわりに、はげしい熱や痛みもない愛情）［ルール18 比喩］を持っ

≫ ルール18 読解

「比喩」は「何を／何にたとえているか」「共通点は何か」を整理する！

小説文のような文学的文章では、伝えたい内容を直接表現するのではなく、別のものに喩《たと》えて表現することがあります。そのような比喩表現は設問でも聞かれるポイントになるので、「その比喩はどういう内容を表しているのか」は考えておきましょう。また、比喩にはいくつか種類があるので、比喩の種類を覚えておきましょう。

「比喩表現」の種類

□**直喩**（**明喩**）＝「〜のようだ」などを用いて、二つのものを比較して示す修辞法

□**隠喩**（**暗喩**）＝「〜のようだ」などを用いず、ものごとを他で表現する修辞法

□**擬人法**（**活喩**）＝人間以外のものを人間に見立てて表現する修辞法

ていたことを疑えなかったので、C もし【彼の気持ちがふいにかわった】としたら、【わたしの貧血】のせいのように思われた。わたしも奇妙な戸惑いをかんじたのだから彼だって平気ではおれなかったろう。

心情の変化　原因

意味段落Ⅲ 「『わたし』と久田の恋愛感情は勘違いだった」

しかし間もなくわたしは、【久田幹夫がやはり以前と同じ彼であるような気がしだした。】

心情の変化

ルール21 エピソード

【公演の終った夜、わたしたちは楽屋裏に集まってお酒を飲んだ。公演が終った夜に、全部の座員が湯呑茶碗《ゆのみぢゃわん》に一ぱいくらいずつの冷酒を飲むのは、恒例のようになっていた。お茶碗に一ぱいでも、疲れているのでわたしたちの酔いは早く、三幕目の誰かの表情は巧《うま》かったとか、スポットライトが不安定に動きすぎたとか、ソーリンを乗せた手押車が舞台の床につっかかって動かしにくかったとか、観客の入りがよくなくて張合いがなかった、というようなことを昂奮《こうふん》して喋り合った。

わたしはあまり飲みたくなかったので、久田幹夫の茶碗に半分くらいあけてやった。須山さんも、すこし飲むと真赤になって、あとは全部戸村さんにやってしまった。わたしたち四人は、他の部の人たちよりも先に会館を出て、小さな焼鳥屋にまたお酒を飲みに入った。わたしと須山さんは、山の手から下町の焼鳥屋に来るまでに酔いがで

≫ ルール32 読解 「心情の変化」を見逃さない！

登場人物の心情は常に一定とは限りません。あることをきっかけとして「変化」していくことがあります。その「心情の変化」はあらすじの上でとても重要なので、きちんととらえられるようにしておきましょう。心情は「プラス心情からマイナス心情へ」あるいは「マイナス心情からプラス心情へ」と反対の性質のものへと変化します。

「心情の変化」のフレーム

心情A　変化する前の心情

↓

変化の原因

↓

心情B　変化した後の心情

て福助の置物がひとつだけぽつんと棚にある、小さなその店ではほとんど飲めず、戸村さんと久田幹夫だけがコップで二杯ずつ飲んだ。それだけで、その店もわたしたちは切りあげた。もう真夜中に近い時刻だったのである。

木枯《こがら》しが真夜中の街路に紙屑《かみくず》を巻きあげていた。わたしたちは肩をすくめ、一緒に並んで同じ方角へむかって歩きだした。戸村さんがわたしを三人で家まで送りとどけようと言いだしたからである。わたしは「ダンクシェーン」と言ってから、もし久田幹夫がわたしを愛しはじめたなら、一人でわたしを送りたくなるだろうと思ったのである。原因【彼の様子には、そんな素振りもなかった。】コールテンのジャンパアのポケットに両手を突込み、口笛を細く吹いていた。

「五月の公演にはなにやるのかな」と須山さんが、ひどくゆっくりと呟《つぶや》くと、戸村さんが、

「来年のことは言うなよ」と、早口に言った。

「だいいちおれたちの展覧会六月だろ。みみずく座の背景ばかり描いちゃいられんさ」

わたしは二人のやりとりを、ぼんやり聞きながら、久田幹夫のわたしにたいする気持ちが変ったなどと考えたことが D 原因 滑稽《こっけい》に思われてきた。わたしは久田幹夫が寡黙《かもく》で、感情を抑える型であることを知っていたが、滑稽に思いだすと、なんと考えてもおか

本文要約

貧血を起こした「わたし」の背を久田幹夫が支えたことがきっかけで「わたし」は元々好意を持っていた久田を恋愛対象として意識し始めた。久田は「わたし」が蒼い顔をしていたことを気にかけていた。それは久田にも「わたし」と同様の心情の変化があったせいだと「わたし」は考えた。しかし、その後の久田の態度により、それが勘違いだとわかった。その勘違いをしたことが癪にさわって、「わたし」は久田たちに「あすから病気になる」と告げた。

重要語句

- □7 起伏《きふく》＝高くなったり低くなったりしていること
- □7 慢性疾患《まんせいしっかん》＝症状は激しくないが、治療などが長い期間におよぶ病気
- □12 面映《おもは》ゆい＝顔を合わせるのがなんとなく照れくさい、きまりの悪い気持ち

しくなってきたのである。

わたしの羞《はずか》しさとか、久田幹夫の心配そうな表情などは貧血という生理的なできごとがもたらした、その場限りのものに違いない。わたしたちが ルール18 比喩 （急性疾患に罹《かか》る）ことは、まず ない に決っている。それに、わたしの恋は、自分を愧《は》じねばならぬような、ひねくれた恋ではなく、王者のそれのように豪華でなければならぬ。……

しかしそう考えると、 E 心情 隙間風《すきまかぜ》のような冷たい思いが、わたしの心をよぎった。それがまた 心情 【癪《しゃく》にさわった】 ので、 結果 【門の前まで来ると、わたしは彼らに言った。

「 F あすから病気になるからよろしくね。後始末には行かないわ」

そして わたしは、崩れかけた石の門のあいだを小走りに通りぬけ、裏庭に廻《まわ》った。風の中で枯れた野葡萄《のぶどう》の蔓《つる》が、骨の触れ合うような音をたてていた。わたしは戸を開けて貰うために、明《あか》りの消えた、ばあやの部屋の硝子窓《ガラスまど》をはげしくたたいた。】

□23 不遜《ふそん》＝思いあがっていること
□87 滑稽《こっけい》＝ばかばかしくておかしいこと
□91 急性疾患《きゅうせいしっかん》＝急激に発症し、進行も速い病気
□95 癪《しゃく》にさわる＝ものごとが気に入らなくて、腹が立つ

読解マップ

意味段落Ⅰ　「『わたし』の久田に対する恋愛感情」

「わたし」の心情

原因　久田幹夫が貧血を起こした「わたし」の背を支えた

↓

心情　元々恋愛未満の好意を持っていた久田を恋愛対象として意識した

↓

結果　面映ゆくなって、片手で頬を押さえてうつむいた

久田は「わたし」が蒼い顔をしていたことを気にかけていた

意味段落Ⅱ　「久田も『わたし』を愛しはじめているかもしれない」

久田が「わたし」のからだのことを気づかうのは、「わたし」を愛しているせいかもしれない

「わたし」が考える久田の心情

心情A　久田も「わたし」に恋愛未満の好意を持っていた

↓

変化の原因　「わたし」が貧血を起こしたときに、久田は「わたし」の背を支えた

↓

心情B　久田も「わたし」を恋愛対象として意識し始めた

意味段落Ⅲ　「久田と『わたし』の恋愛感情は勘違いだった」

公演の終わった夜、楽屋裏に集まってお酒を飲んだ

「わたし」の心情

原因A　もし久田が「わたし」を愛しはじめたなら、一人で「わたし」を送りたくなるだろう

＋

原因B　彼の様子には、そんな素振りもなかった

↓

心情　「わたし」と久田の恋愛という考えが滑稽に思われてきた

「わたし」の心情

原因　「わたし」と久田の恋愛感情は勘違いだった

↓

心情　癪にさわった

↓

結果　（「わたし」の発言）「あすから病気になるからよろしくね。後始末には行かないわ」

問1 心情把握問題　難易度★

ルール49 解法
心情把握問題は「解答へのステップ」で解く！

心情把握問題の解答へのステップ

ステップ1 傍線部を含む一文を分析する
「主語（部）」や「接続表現」、「わかりにくい表現」＝「指示語」「比喩表現」「個人言語」を押さえます。

ステップ2 解答の根拠をとらえる
ステップ1で押さえた「主語（部）」などを手がかりに、登場人物の「心情」やその「原因」、心情の「結果」をとらえます。

ステップ3 解答を決定する
ステップ2でとらえた根拠をもとに解答を決めます。

心情把握問題は登場人物の「心情」をとらえる問題です。「どういうことか」「なぜか」「心情を説明せよ」というようにあらゆる問い方があります。心情の「原因」となる事態・事情と、心情の「結果」となる行動・反応・発言とセットで、「心情」をとらえましょう。
また、心情表現が本文に書かれていない場合もあります。その場合は「原因」と「結果」から推察しましょう。

ステップ1 傍線部を含む一文を分析する

そのことに気づくと、A〈わたしは〉（主語）奇妙な戸惑いをかんじた。

「奇妙な戸惑い」という部分が心情表現なので、その「原因」を求めましょう。

ステップ2 解答の根拠をとらえる

数日後、博物館に久田とともに劇に使う海猫《ウミネコ》の剝製《はくせい》を借りに行った帰り道、「わたし」は貧血を起こし、久田に背を支えられた。
わたしの背には、（比喩）（まるで彼の腕の形がそのまま彫りつけられたように）固い腕の感触がのこっていた。そのことに気づくと、Aわたしは奇妙な戸惑いをかんじた。

「そのこと」が指す比喩表現の部分は、久田の腕の感触が強く残ったことを表しています。ただし、これだけで「奇妙な戸惑い」という心情にはなりません。そこで何か特殊な事情があるのではないかと考えて、さらに読み進めます。

≫ルール33 読解

直接導けない「心情」は「特殊事情」を読み取る！

「心情」の原因を直前に求めても、「なぜその心情になったのかわからない」という場合があります。この場合は登場人物に特殊な事情があるのではないかと考えましょう。「特殊事情」は「心情」の後ろに書いてあることが多く、セリフや心中文や過去の回想シーンなどにあります。

わたしたちは長いあいだつきあい、一緒にみみずく座の仕事をし、なにかの折にからだや手の触れ合うことはあったが、そのときの感触はあとに残るようなものではなく、まして背を抱きかかえられたことなど一度もない。

久田の腕の感触が残るのは今までにないことだったので、「奇妙な戸惑い」を覚えたことがわかります。

原因A 久田の腕の感触が強く残った

＋

原因B 今まで久田のからだや手の感触が残ったことはない

ステップ3 解答を決定する

以上より、解答は③「『わたし』は久田と触れ合っても何も気にしたことがなかったのに、今回はその印象が強く残ったから。」となります。

①は「照れくさかった」、④は「不愉快」という心情が誤りです。

②は、この段階で「意識」したのは「好意」ではなく「戸惑い」なので誤りです。

問2 傍線部内容説明問題 難易度★

≫ルール41→50ページ

ステップ1 傍線部を含む一文を分析する

わたしは久田幹夫を好きだが、彼にたいするわたしの愛情といえば、あるときは彼に憧《あこが》れ、あるときは憎らしくもなる小さな感情の起伏がつづく、B 比喩（まるで慢性疾患のようなもの）、たちのよくない性質のものであった。

傍線部は「彼にたいするわたしの愛情」についての説明であるとわかります。比喩表現になっているので、その説明を求めましょう。

ステップ2　解答の根拠をとらえる

傍線部を含む一文にある「あるときは彼に憧憬れ、あるときは憎らしくもなる小さな感情の起伏がつづく」という部分がヒントになります。

ステップ3　解答を決定する

以上より、解答は②「長いつきあいの中で、彼への好意が恋愛感情にまで高まることはなく、いつまでも曖昧な心の状態が続いていること。」となります。本文の「小さな感情の起伏」という部分が「恋愛感情にまで高まることはなく」という部分と対応しています。

①は「憧憬と憎らしさ……友情さえも壊れそうな状態」、③は「憎らしさが高じ」が「小さな感情の起伏がつづく」に合いません。

④は、好意が「伝わらないことをはがゆく思い続けている」が本文にない心情です。

問3　心情把握問題　難易度★

≫ルール49→121ページ

ステップ1　傍線部を含む一文を分析する

〈わたしは〉（主語）、彼も慢性の、癒《なお》ることもないかわりに、はげしい熱や痛みもない愛情を持っていたことを疑えなかったので、C もし彼の気持ちがふいにかわったとしたら、わたしの貧血のせいのように思われた。

傍線部は「彼の気持ちがふいにかわった」という「心情の変化」がポイントになっています。

ステップ2　解答の根拠をとらえる

「心情の変化」の「原因」をとらえましょう。傍線部に「わたしの貧血のせい」とありました。前書きに「わたし」が貧血を起こして久田に背を支えられたとあることもふまえて「心情の変化」を整理すると、次のようになります。

心情A　**「慢性の、癒ることもないかわりに、はげしい熱や痛みもない愛情」**＝**恋愛未満の好意**

↓

変化の原因 「わたし」が貧血を起こしたせいで、「わたし」の背を支えた

↓

心情B 恋愛感情を覚えるようになった

ステップ3 解答を決定する

以上より、解答は①「久田はどっちつかずの気持ちでいたが、『わたし』の背を支えたことをきっかけに、『わたし』を愛し始めたようだ。」となります。「心情の変化」を表している選択肢はこれです。

「心情の変化」がポイントになった場合は、選択肢を見るときに「心情A」「変化の原因」「心情B」というポイントに分けてチェックしてみると、誤りを発見しやすくなります。

②は「今回の貧血は特にひどかったので」、④は「『わたし』が……久田を意識し始めたのをきっかけに」という「変化の原因」が間違っています。

③は「好意を隠している」、「気持ちを露わにし始めた」という「心情A」「心情B」がともに間違っています。

問4 心情把握問題 難易度★

≫ルール49→121ページ

ステップ1 傍線部を含む一文を分析する

主語
〈わたしは〉二人のやりとりを、ぼんやり聞きながら、久田幹夫のわたしにたいする気持ちが変ったなどと考えたことが D滑稽《こっけい》に思われてきた。

傍線部は「滑稽に思われてきた」という「心情」がポイントになっているので、「原因」を求めましょう。

ステップ2 解答の根拠をとらえる

……戸村さんがわたしを三人で家まで送りとどけようと言いだした……わたしは……もし久田幹夫がわたしを愛しはじめたなら、一人でわたしを送りたくなるだろうと思ったのである。

彼の様子には、そんな素振りもなかった。

傍線部の前の部分をもとに、傍線部の「心情」に至る「原因」を整理することができます。

原因A **「もし久田幹夫がわたしを愛しはじめたなら、一人でわたしを送りたくなるだろうと思った」**

＋

原因B **「彼の様子には、そんな素振りもなかった」**

（＝久田は「わたし」を愛していない）

←

心情 **「滑稽に思われてきた」**

「久田幹夫のわたしにたいする気持ちが変った」というのは自分の勘違いだ

ステップ3 解答を決定する

以上より、解答は②「『わたし』が久田を意識したように、久田も『わたし』を愛しているのではないかと思ったが、それは勘違いで、あれこれ考えたことがばかばかしいと思われたから。」となります。

①は「久田が一人で『わたし』を送りたいという様子を見せた」が誤りです。「そんな素振り」はありませんでした。

③は「二人ともそれに気づかないふりを続けている」、④は「感情を無理に抑えて、かたくなに無言を通している久田の様子」が誤りです。

Lesson 7

問5 心情把握問題 難易度★★

≫ルール49→121ページ

ステップ1 傍線部を含む一文を分析する

しかし そう考えると、〈E(隙間風《すきまかぜ》のような冷たい思い)が〉、わたしの心をよぎった。

（主部）（比喩）

傍線部は「心情」を表す比喩表現なので、その「原因」を求めましょう。

ステップ2 解答の根拠をとらえる

傍線部を含む一文に「そう考えると」とあるので、考えた内容が「原因」にあたるとわかります。指示対象は前の段落に述べられています。

わたしの羞《はずか》しさとか、久田幹夫の心配そうな表情などは貧血という生理的なできごとがもたらした、その場限りのものに違いない。〈わたしたちが急性疾患に罹《かか》ることは〉、まず ない に決っている。それに、わたしの恋は、自分を愧《は》じねばならぬような、ひねくれた恋ではなく、王者のそれのように豪華でなければならぬ。……

「わたしたち」(「わたし」と久田)が「急性疾患に罹る」、つまり互いへの恋愛感情が高まることはない、と否定していることを押さえましょう。

原因 **久田との恋愛を否定する考え**

↓

心情 **「隙間風のような冷たい思い」**

ステップ3 解答を決定する

以上より、解答は④「久田からの愛を期待し、しかもそれが自分の勘違いであったことが情けなく、さらに自分たちが結ばれたとしても、その結果はわびしいものでしかないという思い。」となります。久田との恋愛を否定している選択肢を選びましょう。比喩表現である「隙間風のような」や「冷たい思い」は選択肢の「わびしいものでしかない」という気持ちにつながります。

①と③は「久田が感情を抑え、『わたし』に対する気持ちが変わって愛情になったことをひた隠しにしていること」が誤りです。久田と「わたし」の恋愛感情は勘違いでした。

②は迷う選択肢ですが、「王者のそれのように豪華な恋にならなければならない」という内容が「自分たちが結ばれるとしたら」を前提としている点が誤りです。

問6 心情把握問題 難易度★★

≫ルール49→121ページ

ステップ1 傍線部を含む一文を分析する

「F あすから病気になるからよろしくね。後始末には行かないわ」

「 」の中にあるので登場人物のせりふだとわかります。誰の発言か、また発言のもととなる「原因」と「心情」を求めましょう。

ステップ2 解答の根拠をとらえる

……隙間風のような冷たい思いが、わたしの心をよぎった。それがまた癪《しゃく》にさわったので、門の前まで来ると、〈わたしは〉彼らに言った。

「F あすから病気になるからよろしくね。後始末には行かないわ」

傍線部は「わたし」の発言で、次のような「原因」と「心情」がもとになっていることが読み取れます。

原因 **久田からの愛は自分の勘違いであったとわかり「隙間風のような冷たい思いが、わたしの心をよぎった」**

↓

心情 **「癪にさわった」**

↓

結果 **「あすから病気になるからよろしくね。後始末には行かないわ」**

ステップ3 **解答を決定する**

以上より、解答は③「久田がわたしを愛しはじめたと感じたのは勘違いだったなんて、がっかりだな。明日は腹いせに後始末をさぼってしまおう。彼が心配してくれたらいいのにな。」となります。「癪にさわった」という心情の結果、「腹いせ」となっています。

他の選択肢には「癪にさわった」という心情がありません。

Lesson 8

解答・解説

▼問題 別冊75ページ

このレッスンで出てくるルール

ルール28 読解 「場面の転換」は「時・場所・人物」の変化で見極める！
ルール29 読解 「セリフの話者」を補足して読む！
ルール30 読解 「象徴」は「何を象徴しているか」に着目する！
ルール53 解法 選択肢の検討では「文の構造」にも注意する！⇓問2
ルール33 読解 直接導けない「心情」は「特殊事情」を読み取る！⇓問6

解答

問1 ④　問2 ③　問3 ①　問4 ④
問5 ⑤　問6 ②　問7 ③

出典：眉村卓《まゆむらたく》「原っぱのリーダー」

意味段落Ⅰ「小学校の三年生のとき家の近所に空き地ができた」

ルール28

あれは、小学校の三年生のときだった。

家の近所に広い空き地ができたのだ。

ぼくの家は、都会のはしのほうの古い町の中にある。いや……父の話では、町は古いが以前はあっちこっちに畑もあって、のんびりしたところだったそうだ。それが今では家だらけになり、古い家は取り壊《こわ》されて新しくなったりマンションが建ったりで、昔《むかし》とはまるで変わってしまった——のだそうである。でもぼくはそんな昔のことは知らないから、町ってまあこんなものだと思っていたのだ。

ところが、家の近くの何十軒《けん》かがいっぺんに立《た》ち退《の》きになった。何でも十六階建てのマンションが建設されるとのことで、それらの家は次から次へと壊されて行った。ジュースの自動販売機を置いていた菓子店《かしてん》も潰《つぶ》されてしまい……後は、ロープを張りめぐらした広い空き地になったというわけである。

しかし、マンションはなかなか建てられなかった。何か準備の都合でもあったのかもしれない。そのうちに、広々とした空き地には草が茂《しげ》り始めた。

≫ルール28 読解 「場面の転換」は「時・場所・人物」の変化で見極める！

小説では「場面の転換」に応じて意味段落分けをしていきます。そして、場面の転換は次のようなタイミングで行われます。

「場面の転換」
- □時の変化
- □場所の変化
- □登場人物の変化

「時の変化」とは、基本的には時の経過のことだと考えてください。ただし、時が過去に遡ることもあるので注意しましょう。「回想」など「過去のシーン」はその把握もよく問題として問われます。

「場所の変化」とは、別の場所に移動することです。

ルール29 〈父〉
①「懐《なつ》かしいなあ。近頃《ちかごろ》じゃこのへんであいう空き地なんて、めったに見られないものなあ。子供の頃にはよくあんな空き地で、キャッチボールをしたりサッカーをやったりしたもんだ」

と、父はいったりしたが……ぼくにはろくに関係のないことだった。とにかく、学校から帰ったらすぐに塾《じゅく》へ行き、夜戻《もど》って食事をしたら勉強するかテレビゲームをやるかなのである。②何もない原っぱに入ったって、意味がないのだ。遊ぶといったって何をしていいかわからず、相手もおらず、第一、立入禁止の札《ふだ》がロープにぶらさがっているのであった。

意味段落Ⅱ　「原田は『原っぱ』で遊んで成長していった」

そんな、ある日。（ルール28 場面の転換）

学校から帰ってくる途中《とちゅう》、原っぱを見ると、四、五人の小学生が中に入っている。一番大きいのは、五年生か六年生位の男の子で、他《ほか》はぼくと同じかそれ以下の年頃であった。

みんなで、何か変なものを上のほうへ飛ばしているのだ。短い細い棒の先に羽根みたいなものをくっつけて、両手で棒を回すと羽根が飛び上がるのである。

あれは、たしか、竹とんぼとかいうんじゃなかったか？

そしてぼくはその中に、クラスメートの原田勝利《かつとし》がいるのを認めた。

「登場人物の変化」とは、新しい登場人物が増えたり、今までいた登場人物が一旦退場することです。

「時」「場所」「登場人物」を表す言葉にはチェックを付けておきましょう（上段では［　］で示しています）。

≫ルール29 読解 「セリフの話者」を補足して読む！

小説文では「セリフ」が連続する場合があります。誰の発言なのかがわからないと物語をうまく読み取ることができないので、「セリフの話者」を補いながら読んでいきましょう。

③原田は何もかもが普通《ふつう》という、あまりぱっとしない奴《やつ》であった。姿かたちも普通、勉強も普通、これといって特技もない人間なのだ。そういえばたしかお父さんが海外へひとりで行っていて、お母さんが働いていて、ひとりっ子で、かぎっ子でもあると聞いていた。しかし、ひとりっ子のかぎっ子なんてクラスに何人もいるのだから、別に特徴《とくちょう》とはいえないだろう。

その原田が、他の連中と一緒《いっしょ》に竹とんぼで遊んでいる。

と。

原田の放った羽根が、ひゅうと飛んできたのだ。何とか体をひねったので肩《かた》に当たっただけで済んだけれども、そのままでは顔に命中するところだった。

原田が走って来た。

〈原田〉「悪い、悪い」

いいながら、相手がぼくと気がついたのだろう、少しぎくりとしたように足を止めたのだ。

ぼくは羽根を拾ってやり、しかし、一応文句をいった。

〈ぼく〉「危ないじゃないか。それにここは立ち入り禁止だぞ」

〈原田〉「………」

原田は黙《だま》って羽根を受け取ったものの、何もいい返さなかった。④もともと気の弱い奴なのだ。

〈男の子〉「何だ何だ」

大きな声を出してやって来たのは、五年生か六年生位の男の子である。がっちりした体格で、顔つきも荒々《あらあら》しかった。

〈男の子〉「おれたちはここで遊んでいるんだ」

そいつはぼくをにらんだ。〈男の子〉「邪魔《じゃま》をするつもりか！」

⑤〈ぼく〉「ここは……立ち入り禁止ですよ」

ぼくは、ロープに下がった札を指した。

⑥〈男の子〉「そんなもの、お体裁でつけているんだ」

そいつはいい返した。〈男の子〉「いかんというのなら警察でもそのへんの奴でも呼んでこい。呼べるものならな！　原っぱがあったら遊ぶもんだ！　つべこべいうな！」

〈ぼく〉「………」

ぼくはもう何もいわなかった。

こんな野蛮《やばん》な奴を相手にしたって仕方がない。

それにまた、こんなことでわざわざ警察へいいに行く気もぼくにはなかった。そんな真似《まね》をすれば母が、つまらぬことをして、とぶつぶついうのは間違《まちが》いない。だからぼくは無言でその場を離《はな》れたのだ。

その夜、ぼくはこの件を母に喋《しゃべ》った。

〈母〉「放《ほ》っときなさいよ」

案の定、母はいったのだ。「〈母〉出過ぎたことをしなくてもいいの。トラブルは嫌《いや》ですからね」

もっとも……父はこの話を聞き、今どきにしてはなかなか勇ましい子がいるものだなと母に感想を洩《も》らしたらしいが……さすがに直接にはぼくにはいわなかったのである。

次の日も、また次の日も、原っぱには子供たちが集まっていた。五、六人から、多いときには十数人が来ていたのだ。

そのリーダーは、例の五年生か六年生位の奴である。みんな、リーダーのいう通り、上体をかがませて膝《ひざ》を持った者の背中を順番に飛んだり、輪を棒のようなもので押《お》して回しながら走ったり、腕《うで》立《た》て伏《ふ》せをやったりしているのだ。その中にはいつも原田がいた。

ぼくは一度か二度、おとなが、

「〈おとな〉こら！　そんなところで遊ぶな！」

と、わめくのに出くわしたことがある。

するとかれらは、リーダーの、逃《に》げろ！　という命令一下、外へ走って行くのだった。

⑦それを見るとどなったおとなのほうも、どういうつもりか、わっはっはと笑うだけなのである。そしてそのおとながいなくなると、かれらはまた戻ってくるのであった。

ぼくはこのことを、学校でいいふらしたりはしなかった。喋ればみんなの噂《うわさ》になるだろうし、原田自身も困った立場になるに違いない。ぼくは原田には何の義理も恩義もないけれども、ぺらぺらと他人《ひと》のことを喋りまくるような人間にはなりたくなかっただけである。

ただ、当の原田には学校で忠告してやった。

〈ぼく〉「きみ、あんなところで毎日遊んでいて、勉強はどうなってるんだ？　それに、今に近所の人もうるさくなるだろうし、学校にも知れるぞ」

〈原田〉「いいんだよ。ぼくはかぎっ子だから、自分で自分の面倒位《めんどうくらい》見られるよ」

原田は、意外にしっかりした口調で答えたのだ。〈原田〉「昼間は昼間。ぼくは塾へ行ってないしね。夜は自分で勉強してるんだ」

〈ぼく〉「………」

〈原田〉「あいつ……ぼくらにいろいろ遊びを教えてくれる奴ね、テツオっていうんだ」

原田はつづけた。〈原田〉「テツオが教えてくれるまで、ぼくはあんな面白《おもしろ》い遊びがたくさんあると知らなかった。それに、いろんな本を貸してくれるんだ。マンガや小説で、これも面白いんだよ。何かと元気づけてもくれるし」

〈ぼく〉「………」

相手がそんなつもりなら、もう何をいっても仕方がないだろう、と、ぼくは諦めたのであった。

そして。

やっぱりぼくが思っていたように、原っぱでのことは問題になり始めた。近所のお母さん連中があれこれいうようになってきた——と、母から聞いたし、学校でも原田が他のクラスメートに何かいわれているのを何度も目にするようになったのだ。ときには学校からの帰り、原っぱのロープの外に何人かが並《なら》んで、中の様子を眺《なが》めているのを見掛《みか》けたりもした。

このままでは、きっと、何かうるさいことになっただろう。

だが、そのうちにマンション建設が開始された。ロープの代りに高い仕切りが作られ、中には機械類が入って、ごうごうがりがりと音を立てるようになったのだ。

もちろんそうなると、もう中には入れなかった。原っぱでの、テツオとやらいうリーダーにひきいられての子供の一団の遊びは、消えてしまわねばならなかったのである。

そのころからぼくは、原田が変わってきたのに気がついた。マンションの建設が始まる少し前には、原田はみんなにいろいろいわれるようになっており、いじめの対象になるのはほとんど時間の問題だったのだが……妙《みょう》に落ち着いてきて、おかしなことをいわれても相手にせず、それでもひやかそうとする者がいると、みんなの前で、ここで決闘《けっとう》しようといい、なぐり合いもするようになったのである。もっとも、いつも原田が勝つとは限らなかった。三回に一回は負けたのだ。これでつねに勝っていれば、またそれはそれで憎《にく》まれたであろうが……ほどほどに勝ったのである。のみならず、学校の成績はまあ普通でも、体育のときには宙返りをやってみせたり大車輪をやったりして、先生をびっくりさせたし、絵もうまくなった。人気マンガの主人公の絵など、誰《だれ》も真似できなくなったのだ。

不思議なことだ、と、みんなはいった。そしてぼくは思うのだが、普通ならそんな風になればなるほど、みんなののけものにされるところなのに、何となく一目置かれて、誰も妙なことをいわなくなったのが……ぼくにはさらに不思議だった。

意味段落Ⅲ「高校二年生になり、再び『原っぱ』のリーダーを見た」

ぼくは現在高校の二年生だ。よく知られた進学校に通っている。

そして原田は、あまり有名でなく進学校でもない高校に行っているが……聞くところによればスポーツが達者でサッカーか何かの選手であり、美術展にはたびたび入選し、高校生の発明展覧会で賞ももらったりして、その学校のホープなのだそうである。

原田は原田としての人生を歩もうとしているのだろう。

今になって考えれば、原田はあの原っぱでの遊びで、テツオに教えられ鍛《きた》えられているうちに、だんだん変わってきたのではないか……⑧テツオとはそういう魔力《まりょく》か超《ちょう》能力《のうりょく》みたいなものを持った奴だったのではないか——という気がする。そして、テツオと遊んでいた他の子供たちにしても、テツオによって何かの能力を開発されたのではないだろうか。原っぱでの、ぼくなどから見れば馬鹿馬鹿《ばかばか》しい遊びをやり、テツオ

ルール30 読解 「象徴」は「何を象徴しているか」に着目する！

小説文はフィクションなので、現実には起こり得ないことや、存在し得ないものも登場します。そして、それらは何らかの目には見えない働きや内容を具体的な目に見える形で象徴した存在なのです。

現実
「原っぱでの遊びを通して運動能力や創意工夫などの能力が身に付く」
↓
象徴
「原っぱのリーダー」＝「テツオ」

本文要約

小学校三年生のとき、家の近所に広い空き地ができた。「ぼく」は何も無い原っぱに入っても意味がないと思っていた。ある日数人の小学生が原っぱで遊んでいた。その中にあまりぱっとしない原田がいた。もとも

の感化を受けて、そうなって行ったのではなかろうか。

ぼくがこんなことをいうのには、理由がある。

この間ぼくは、学力コンクールを受けるためによその高校へ行った。

その高校の傍《そば》に、空き地があったのだ。大きな空き地で、草が茂っていた。空き地にはロープが張られ立入禁止の札があり、その中で子供たちが走り回っていた。そのリーダーは、小学校の五年生か六年生の——あいつだった。テツオだったのだ。いくら見ても間違いない。あのときのテツオだったのである。あれからもう八年も経《た》つのに……あのときのままのテツオが、子供たちをリードしていたのだ。

信じられなければ、信じてくれなくてもいい。

けれどもそうだったのだ。

きっとテツオは、年をとらない……空き地があればそこに出現して子供たちのリーダーになる存在なのだ。そして、一緒に遊んだ子供たち、そうしようとした子供たちに力を及《およ》ぼし、子供たちを変えようとしているのだ。人間ではなく、そういう存在なのだ。ぼくはそうだと信じるのである。


と気の弱い原田だったが、原っぱで遊ぶようになり、テツオというリーダーの影響で成長していった。「ぼく」が高校二年生になった現在、原田はスポーツや美術で学校のホープとなっている。ある時「ぼく」は八年前と変わらぬ姿のテツオが空き地で子供たちと走り回るのを見かけ、テツオは人間ではなく、子供たちを成長させるリーダーとなる存在なのだと知った。

重要語句

- □80 命令一下《めいれいいっか》＝指令がひとたび下されること
- □124 一目《いちもく》置《お》く＝すぐれた人物に敬意を払い、遠慮する
- □129 ホープ＝将来を期待されている人
- □136 感化《かんか》＝人に影響を与え、考えなどを変えさせること

読解マップ

意味段落Ⅰ　「小学校の三年生のとき家の近所に空き地ができた」

「ぼく」が小学校三年生のとき、家の近所に広い空き地ができた

「ぼく」の心情A

「ぼく」は何もない原っぱに入っても意味がないと思っていた

意味段落Ⅱ　「原田は『原っぱ』で遊んで成長していった」

ある日、数人の小学生が原っぱで遊んでいた
その中にクラスメートの原田がいた

変化をする前の原田

原田は何もかもが普通という、あまりぱっとしない奴であった

←

原田の変化の原因

原田は原っぱのリーダーであるテツオから遊びを教えてもらったり、本を貸してもらったりしていた

←

変化した後の原田

（マンションの建設が始まり、原っぱでの遊びが消えたころから）原田は妙に落ち着いてきて、運動や絵で活躍するようになり、一目置かれるようになった

意味段落Ⅲ　「高校二年生になり、再び『原っぱ』のリーダーを見た」

「ぼく」が高校二年生になった現在、原田はスポーツや美術で学校のホープとなっている

心情の変化の原因

八年前と同じように、空き地では子供たちが走り回っていた
そこで八年前と同じようにテツオが子供たちをリードしていた

←

「ぼく」の心情B

「ぼく」が意味がないと思っていた原っぱには、実は子供たちを成長させるテツオという人間ではないリーダーがいるのだと思った

設問解説

問1 傍線部内容説明問題 難易度★

≫ルール41→50ページ

ステップ1 傍線部を含む一文を分析する

①〈父〉「懐《なつ》かしいなあ。近頃《ちかごろ》じゃこのへんでああいう空き地なんて、めったに見られないものなあ。子供の頃にはよくあんな空き地で、キャッチボールをしたりサッカーをやったりしたもんだ」

と、〈父は〉（主語）いったりしたが……ぼくにはろくに関係のないことだった。

「ああいう空き地」「あんな空き地」という表現に含まれる指示語に着目して、父の発言が伝えたい内容を求めましょう。

ステップ2 解答の根拠をとらえる

家の近所に広い空き地ができたのだ。

ぼくの家は、都会のはしのほうの古い町の中にある。いや……父の話では、町は古いが以前はあっちこっちに畑もあって、のんびりしたところだったそうだ。それが今では家だらけになり、……昔《むかし》とはまるで変わってしまった……

ところが、家の近くの何十軒《けん》かがいっぺんに立《た》ち退《の》きになった……後は、ロープを張りめぐらした広い空き地になった……

……広々とした空き地には草が茂《しげ》り始めた。

傍線部の前の部分から、家の近くにできた草の茂った広い空き地は父にとって「昔」の町の様子を思い起こさせるものだったので「懐かしい」と言っていることが読み取れます。

ステップ3 解答を決定する

以上より、解答は④「『原っぱ』が過去のものであることを伝えている。」となります。「原っぱ」という表現は傍線部の後の文にもあり、草の茂った広い空き地のことだとわかります。

①の「年齢差」、③の「父の性格」は「懐かしい」という発言に合いません。

②は「父の子供時代の遊び」が誤りです。父が懐かしがっ

ているのは「原っぱ」です。

⑤は「ぼく」が誤りです。「父」の発言です。

問2 傍線部内容説明問題 難易度★

≫ルール41→50ページ

ステップ1 傍線部を含む一文を分析する

②何もない原っぱに入ったって、〈意味が〉主語 ないのだ。

「ない」という「否定」に注目しながら、「何もない原っぱ」の説明を求めましょう。

ステップ2 解答の根拠をとらえる

……②何もない原っぱに入ったって、意味がないのだ。遊ぶといったって何をしていいかわからず、相手もおらず、第一、立入禁止の札《ふだ》がロープにぶらさがっているのであった。

「否定」が続いていることから、この部分が「何もない原っぱ」の否定的な説明であることがわかります。原っぱには何もなくて遊ぶことができないから、入っても意味がないと考えていることを押さえましょう。

ステップ3 解答を決定する

以上より、解答は③「何もないところでは遊べない。」となります。

①、④は「嫌い」、⑤は「楽しくない」が誤りです。「ぼく」の「心情」は読み取れません。

②は「何もない空間」と「意味は生じない」をつないでいるのが誤りです。この選択肢だと「空間」そのものに意味がないと考えられますが、本文では「何もない空間に入ること」に意味がないと述べられています。このような「語句レベルでは合っているように見えても、語句同士のつながりが誤り」という選択肢に注意しましょう。

≫ルール53 解法
選択肢の検討では「文の構造」にも注意する！
→20ページ

問3 傍線部内容説明問題 難易度★

≫ルール41→50ページ

ステップ1　傍線部を含む一文を分析する

③〈原田は〉（主語）何もかもが普通《ふつう》という、あまりぱっとしない奴《やつ》であった。

④もともと気の弱い奴なのだ。

傍線部では、原田はあまり良いイメージで描かれていません。このことを押さえた上で設問で問われている「高校二年生になって原田はどのように変わったか」を確かめましょう。

ステップ2　解答の根拠をとらえる

「高校二年生」になった原田の様子は意味段落Ⅲにあります。

そして原田は、あまり有名でなく進学校でもない高校に行っているが……聞くところによればスポーツが達者でサッカーか何かの選手であり、美術展にはたびたび入選し、高校生の発明展覧会で賞ももらったりして、その学校のホープなのだそうである。

傍線部のマイナスイメージから、プラスイメージに変化しています。

ステップ3　解答を決定する

以上より、解答は①「乱暴者になった。」となります。「**適切でないもの**」を選ぶことに注意しましょう。マイナスイメージのものはこれしかありません。

②「個性的になった。」、③「身体能力が上がった。」、④「社会性を身につけた。」、⑤「自信を持てるようになった。」はそれぞれプラスイメージのものなので、正しいです。

問4　表現問題　難易度★

傍線部で丁寧語が使われている理由を答える、表現に関わる問題ですが、傍線部の内容を理解するという点では傍線部内容説明問題（→50ページ）と同じ「解答へのステップ」で解いて良いでしょう。

ステップ1　傍線部を含む一文を分析する

⑤〈ぼく〉「ここは……立ち入り禁止ですよ」

「です」が「丁寧語」になっています。

「**本文解説**」で示したように傍線部は「ぼく」の発言です。誰に対して発言しているのかをとらえましょう。

ステップ2　解答の根拠をとらえる

大きな声を出してやって来たのは、五年生か六年生位の男の子である。がっちりした体格で、顔つきも荒々《あらあら》しかった。

〈男の子〉「おれたちはここで遊んでいるんだ」

そいつはぼくをにらんだ。〈男の子〉「邪魔《じゃま》をするつもりか！」

⑤〈ぼく〉「ここは……立ち入り禁止ですよ」

「ぼく」が話しているのは「五年生か六年生位の男の子」です。小学三年生の「ぼく」から見て年上で、体格や顔つきからこわい印象を持ったため、聞き手に対する敬意を表す「丁寧語」を使っていると考えることができます。

ステップ3　解答を決定する

以上より、解答は④「原っぱで遊ぶ子供を見下しているから。」となります。「**適切でないもの**」を選ぶことに注意しましょう。「見下す」は「敬意」とは反対なので、適切ではありません。

敬語には、使うことで相手との心理的な距離をとる働きがあり、①「相手に対する警戒心」、③「知り合いじゃない」、⑤「トラブルに巻き込まれたくない」には距離をとりたい理由が示されており、正しいです。また②「物事を少し冷めた目で見る性格」は意味段落Ⅰからも読み取れます。

問5　傍線部内容説明問題　難易度★

≫ルール41→50ページ

ステップ1　傍線部を含む一文を分析する

⑥〈男の子〉「そんなもの、お体裁でつけているんだ」

傍線部⑥は**問4**で見たのと同じ場面にあり、「**本文解説**」で示したように「(五年生か六年生位の)男の子」の発言です。「お体裁」の意味を問う設問なので、「そんな」という指示語の指示対象を求めて、何について「お体裁」と言っているかを手がかりに考えましょう。

ステップ2 解答の根拠をとらえる

〈ぼく〉「ここは……立ち入り禁止ですよ」

ぼくは、ロープに下がった札を指した。

⑥〈男の子〉「そんなもの、お体裁でつけているんだ」

そいつはいい返した。〈男の子〉「いかんというのなら警察でもそのへんの奴でも呼んでこい。呼べるものならな！　原っぱがあったら遊ぶもんだ！　つべこべいうな！」

「そんなもの」は「立入禁止の札」のことです。男の子は「立入禁止の札」があっても、気にせずに原っぱで遊んでいますから、「札」は「ついているけれど、実質的な意味はないもの」と考えていることがわかります。このことをもって「お体裁」と言っているのです。

「お体裁」＝一応あるが、実質的な意味はないもの

ステップ3 解答を決定する

以上より、解答は⑤「表面的な形式。」となります。「実質的な意味はないもの」は「表面的な形式」といえます。

①「針と糸でぬい付けること。」は「裁縫」なので、誤りです。②「物の外から見える形。」は「外見」なので誤りです。③「他人の気に入るような」が誤りです。気に入るものではありませんでした。④「見栄《みえ》。」は「立入禁止の札」にはないので誤りです。

問6 心情把握問題 難易度★★

≫ ルール49 →121ページ

ステップ1 傍線部を含む一文を分析する

⑦それを見ると〈どなったおとなのほうも〉（主部）、どういうつもりか、わっはっはと笑うだけなのである。

指示語「それ」があるので、前の部分から指示対象を求めましょう。

また、傍線部を「心情」のフレーム（→113ページ）に当てはめると、「それを見ると」が「原因」で、「わっはっはと笑うだけ」が「結果」の反応だとわかります。「原因」と「結果」をつなぐ「心情」をつかみましょう。

ステップ2 解答の根拠をとらえる

ぼくは一度か二度、おとなが、
〈おとな〉
「こら! そんなところで遊ぶな!」
と、わめくのに出くわしたことがある。
するとかれらは、リーダーの、逃《に》げろ! という命令一
下、外へ走って行くのだった。
⑦それを見ると……

おとなは、注意した子供たちが逃げたのに、笑っていることがわかります。これは不思議なので「どういうつもりか」とあるのです。

> ≫ルール33 読解 直接導けない「心情」は「特殊事情」を読み取る!
> →122ページ

おとなには何か特殊な事情があるのではないかと考えます。

問1で見た場面で、「ぼく」の父が原っぱを懐かしがっていました。おとなは「空き地」で遊ぶことに対して、良い思い出があるのです。ですから、子供たちの気持ちもわかって「笑う」のです。

原因A **「こら」と言われた子供たちが逃げて行くのを見る**
＋
原因B **おとなは空き地で遊ぶことに良い思い出がある**
←
心情 **子供たちの遊びたい気持ちもわかる（共感）**
←
結果 **笑う**

ステップ3 解答を決定する

以上より、解答は②「半ば黙認し子供たちに共感している。」となります。

他の選択肢は「共感」というポイントを押さえていないので誤りです。特に⑤「照れている」は「わっはっはと笑う」という結果の反応につながりません。

問7 傍線部内容説明問題 難易度★★ ≫ ルール41→50ページ

ステップ1 傍線部を含む一文を分析する

⑧〈テツオ とは〉(主語) そういう (魔力か超能力みたいなもの) (比喩) を持った奴だったのではないか――という気がする。

指示語や比喩表現の説明を前後に求めましょう。

ステップ2 解答の根拠をとらえる

今になって考えれば、原田はあの原っぱでの遊びで、テツオに教えられ鍛《きた》えられているうちに、だんだん変わってきたのではないか……⑧テツオとはそういう魔力か超能力みたいなものを持った奴だったのではないか――という気がする。そして、テツオと遊んでいた他の子供たちにしても、テツオによって何かの能力を開発されたのではないだろうか。原っぱでの、ぼくなどから見れば馬鹿馬鹿《ばかばか》しい遊びをやり、テツオの感化を受けて、そうなって行ったのではなかろうか。

「テツオ」

＝**原っぱで一緒に遊ぶことによって、「何かの能力を開発」する存在**

「何かの能力」とは、**問3**で見た原田の変化から、運動能力や芸術・発明などの創造力、社会性などだと読み取れます。

ステップ3 解答を決定する

以上より、解答は③「何もない原っぱで遊ばせて、創意工夫の能力や運動能力、集団の中での人間関係を構築する能力などを開発させる力。」となります。

①は「ひとりぼっちのかわいそうな子供」が誤りです。「原田」はひとりっ子ですが、原っぱでテツオ以外の子とも遊んでおり、友だちがいないわけではありません。

②は「リーダーシップとは何かを教え」、⑤は「原っぱでの遊び方を……伝承」「それを覚えてくれたお礼のように」が誤りです。テツオは遊ぶことで能力を開発したのです。

④は「それらに魔法をかけて開花させる」が誤りです。傍線部の「魔力」は比喩表現です。

Lesson 9

解答・解説

▼問題 別冊 89ページ

このレッスンで出てくるルール

ルール20 読解「エピソード」は「筆者の心情」とセットでとらえる！

ルール31 読解「心情」をとりまく原因や結果を押さえる！

ルール4 読解「対立関係」を整理して「主張」や「重要な情報」をとらえる！

ルール43 解法 傍線部理由説明問題は「解答へのステップ」で解く！ ⇒問1

ルール53 解法 選択肢の検討では「文の構造」にも注意する！ ⇒問2

ルール52 解法「指示語」は必ず「指示対象」を確認する！ ⇒問5

解答

問1 ④　問2 ①　問3 ②　問4 ③

問5 ⑤　問6 ②　問7 ③

出典：光瀬《みつせ》龍《りゅう》「金魚、この遠い日の夢」

意味段落Ⅰ「魚の飼育は〝金魚にはじまって金魚に終わる〟」

1 魚の飼育はよく〝金魚にはじまって金魚に終わる〟などといわれる。実際これほど飼い方のやさしい魚はいないし、一面これほど難しい魚もいない。

2 今では全く姿を消してしまったけれども、私が小学生だった頃までは金魚玉というものがあった。これは直径十五センチメートルほどのやや扁平《へんぺい》な中空のガラス球で、上部に金魚が二匹ぐらいくぐれるような口が開いている。つまり電灯の透明なグローブ傘のようなものだがこれを網につつんでつり下げるようになっていて中に金魚を二匹か三匹入れることができた。金魚屋で金魚を買うとたいていこれに入れてくれたものだが、この金魚玉なるものが実は私にとってたいへんいまわしい想い出となっている。

意味段落Ⅱ「金魚玉の金魚に関わるいまわしい想い出」

3 （ルール20 エピソード）小学生の頃の私はたいへん体が弱く、長い病院生活も二度や三度ではなかった。そんな私に親戚《しんせき》の者や家の近所の人たちなどがよく金魚玉をおみやげに見舞いにきてくれたものだった。病室には大きな金魚鉢があるはずもないし金魚玉はそのまま、窓の

ルール20 読解
「エピソード」は「筆者の心情」とセットでとらえる！

随筆（エッセイ）では、筆者の心情を印象付けるために「エピソード」を紹介することがあります。「エピソード」の後にある「筆者の心情」とセットでとらえましょう。

また、「エピソード」は過去のものである場合が多いので、「過去」を表す表現に注意すると、「エピソード」をとらえやすくなります。

評論と比較すると、随筆では「エピソード」の比重が大きくなるので、「筆者の心情」をチェックしながら読んでいきましょう。

△**エピソード**
↓
◎**筆者の心情**

留金などにぶら下げておかれた。金魚玉の中にはたいてい安物の和金がそれでも三匹ぐらい入っている。

4 **翌朝**、かれらはきまって横倒しになって水面に浮いている。時にはもう何時間も前に息絶えたとみえて弓なりに反って固くなって浮いているものもあったが、たいていはまだえらを苦しそうに開いたり閉じたりしていた。最初のうちは横倒しになっていた体をふいに立てなおすと元気そうにすいすい泳ぎ出したりする。なおったのかな？と思って見ているとこれはつかの間のことで、たちまち力がつきてふたたび横倒しになり、力なく水面に浮き上ってくる。こんなことが何回となくくりかえされ、しだいに起き直ることも少なくなり、ついには水面に横たわったきりになってあえいでいるだけになる。完全に動かなくなるまでにはさらに何分かあるいは何時間かが必要だ。ベッドの中にいる私は、そのかれらの最期のいちぶしじゅうを見届けるはめになる。なんのことはない。私に魚の断末魔の苦しみを見せるために親戚の者たちは金魚玉を持ってやってきたのだ。(a)その作業は少年の、しかも病床にある私にとってかなりこたえた。そのくせ、私は看護婦にその死にかかっている金魚をどこか見えない所へ持っていってくれ、とたのむことだけはしたくなかった。死の幻影におびえているととられるのがいやだったのだ。（譲歩 もちろん、子供のことだから大人のようにはっきりそう考えているのではないのだが、）(b)自分の心を笑いとばすという操作のできない子供にとってはそれはまさに、そして ルール31 心情【生まれてはじめての死との対決だった】わけだ。）

ルール31 読解 「心情」をとりまく原因や結果を押さえる！

随筆では「エピソード」の部分が物語のようになっています。その中で「筆者の心情」をとらえていきましょう。

「心情」をとらえるときは、小説文と同じように、「原因」と「結果」に注意しながら読んでいきましょう。「心情の変化」を問う設問も頻出です。

5 これは今でも時おり見かけるが全体が丸くて肩がすぼまり、口の部分が朝顔の花のように外側に大きく開いている金魚鉢がある。おおむね、この口の部分が紺がかった青い色をしている。私が子供の頃にはこの朝顔形というのはいわばデラックスな金魚鉢だった。このほかに今では学校の実験室で水の電気分解などの実験によく使う直径二、三十センチメートルの分厚なガラス水槽と同じ形の不細工な金魚鉢がこれは普及品としてガラス屋や瀬戸物屋の棚にならべられていた。

ルール20 エピソード

6 （私の家でも、例の金魚玉に入れて買ってきた金魚を、朝顔形の金魚鉢に移しては飼っていたものだった。金魚はいぜんとしてよく死んだ。金魚玉の中で辛うじて保ち得た生命も、結局、朝顔の金魚鉢の中でさらに何日かを重ねることができたにすぎない。なぜ金魚はこうつぎからつぎへと死んでしまうのだろう？ 私は病いの床の中で考えつづけた。熱に浮かされて目覚めた夜半の暗闇と静寂の中で、金魚鉢の水面に浮き上ってきて苦しそうに空気といっしょに水を呑みこむ金魚のせわしない水音が、ピチャ……ピチャ……ピチャ……とかすかに、いつまでもいつまでも聞えていた。その水音と薄暗い五燭《ごしょく》の電灯は私の少年時代の記憶のある部分を妙にやりきれなく形作っている。冬になると私の病室には電気ストーブが持ちこまれた。赤銅《あか》をたたいた丸い反射傘の中央に、ニクロム線を巻きつけた太い素焼の筒が突き出しているだけのそれは、その頃としてはかなりぜいたくなしろものだった。夜ふけなどふと目をさますと、部屋全体が遠火事の火の色のようなぶきみな赤い光につつまれていて、(c)そのわけは知り

Lesson 9

ながらも思わずその原因をたしかめたい衝動にかりたてられ、ふとんの端をおさえて、頭をもたげるのだった。すると部屋のすみに置かれた電気ストーブが目にとびこんでくる。その円い反射傘に、赤熱したニクロム線が異様にひきゆがめられた形で映っているのだった。その色と形の作る形象が（ルール31 心情）【病める幼い私の心をたまらなく陰惨にうちのめした】。私は天井や壁を染める暗赤色の光の中で荒い息を吐きながら、夜明けまでの長い時間に耐えるのだった。そんな時にかならず耳に入ってくるのが、金魚鉢からかすかに聞えてくる金魚のあえぐ呼吸の水音だった。】

意味段落Ⅲ　「金魚を科学する」

（ルール20 エピソード）
7 【私の家の裏庭の片すみに小さな池があった。それは輪切りにした大きな土管を埋めただけの池ともいえないようなもので、何年もとりかえたこともない水はアオミドロでえのぐを溶かしたように緑色になっていた。（ルール4）その池に何匹かの大きな金魚がいた。いつ頃そこへ放したものか、当時、家人の記憶でもすでに七、八年も前のことのようだった。かれらはいつも緑色の水面近くじっと浮いていて、私が近づいた時だけ、めんどうくさそうにわずかに尾びれを動かして水中へ消えていった。なぜかれらだけがそんなに長生きしているのか、私はたまらなくふしぎだった。金魚玉の中の金魚とはあまりにもちがいすぎるではないか！（主張）【私は最初、同じ金魚でも体の大きな別な種類であろうと思った。】だから丈夫でそんなに簡単には死なないのだと結論づけた。ところが

ルール4 読解
「対立関係」（差異）を整理して「主張」や「重要な情報」をとらえる！

随筆では評論文のように「差異」を論じる場面もあります。「差異」の説明が出てきたら注意しましょう。

池の中の金魚＝長生きしている
⇔ **対立関係**（差異）
金魚玉の中の金魚＝早死にする
←
別な種類の金魚だと思う

ある日、またまたおみやげの金魚玉が舞いこんだ。家人はその金魚を裏庭の土管の池の中にほうりこんでしまった。(d)私はそのあわれな金魚の運命を思って胸がふさがった。あのひよわな生きものが、汚れきった土管の池の水に耐えられるわけがない。かれは明日は小さな落葉のようになって水に浮いているにちがいないのだ。翌日おそるおそる行ってみた。だが水面にはもみじの葉が二、三枚浮いているだけで魚の形をしたものは見当たらない。私はおそらくそれはほかの大きな金魚によって食べられてしまったのだろうと思った。私はそのままその金魚のことは忘れるともなく忘れてしまっていたが、それから何日かして池のかたわらに立ったとき、私は思わず息を呑んだ。あの金魚が大きな先住者たちにまじって緑色の水面に波紋をえがいて泳ぎ回っているではないか。喜びよりもおどろきの方が先だった。私はたぶんその金魚は大きな連中とは同じ種類なので体も丈夫なのにちがいないと思った。それでもなお疑問は残った。体に大小の違いこそあれ、池の中の金魚は金魚玉の中であえない最期をとげていったものたちとどうも同じ種類のように思える。もし同じ種類だとするならば、金魚玉や朝顔の金魚鉢の中ではどうしてあのように短命なのだろうか？ある日、私は隣家の農家の兄《あん》ちゃんのところへ出かけていった。かれはその頃、小学校の高等科を全甲で卒業して農業の手つだいを始めたばかりの未来の篤農家だった。(しかしかれはこの数年後、戦死してしまうのだ）かれは即座に金魚玉は小さいし口もせまいから水に空気が溶けにくいのだと言った。私にはそれが何のことなのかよく理解できな

ルール36 読解 発展 「条件の変化」に注意する！

「条件」が変わると、「結果」が変わることがあります。「条件の変化」に注意しましょう。

金魚玉の金魚を、家人が土管の池に入れてしまう

←

早死にするはずの金魚玉の金魚が、土管の池では生きていた

条件の変化

短命か長生きかは、金魚の「種類」ではなく、金魚がすむ「環境」によって決まる

かったが、（ルール31 心情 それが私が水や空気などの性質についてほんのわずかでも知るを得た最初の機会だったと思う。同時に (e)それはまた私が生まれてはじめてのぞいた科学の世界だった）。

8 水に溶けるという以上は空気も砂糖も同じことだろうと思った私は、金魚鉢の中の水をわりばしでかき回すことを思いついた。私は何日かの間、一、二時間ずつその単調な作業をこころみた。しかしそんなことでは問題の解決にはならなかった。私はとうとう思いつきを放棄するしかなかった。（実はこの私の思いつきが間違っていなかったことを後年発見して(Y)ひとりははなはだ満足だった。ウナギの養殖場などではモーターで水車を回し、水面を波立てて空気中の酸素を強制的に水に溶かしているのだ）そのつぎにこころみたのはストローで水中に空気を吹きこむことだった。(Z)これは完全に失敗した。自分の吐く息を金魚鉢の水の中に吹きこんでいたのだ！ 自転車の空気入れを使うことも考えた。しかしそれとて一日中押していることはできない。やがて金魚鉢の水を流しつづけていればよいということを知ったが、家の外でならともかく、部屋の中ではほとんどそれは不可能だ。かくて部屋の中の金魚鉢で金魚を長く飼いつづけることのねがいは完全に断たれた。）

ルール4 読解
「対立関係」（差異）を整理して「主張」や「重要な情報」をとらえる！

土管の池は水に空気が溶けやすい（※）
↓金魚が長生きする
⇔ 対立関係（差異）
金魚玉は水に空気が溶けにくい
↓金魚が早死にする

（※）本文には直接書いていないが、金魚玉との環境の対立関係から推測できる。

本文要約

魚の飼育は〝金魚にはじまって金魚に終わる〟といわれる。小学生の頃、金魚が二、三匹入る金魚玉というものがあったが、金魚玉の金魚はすぐに死んでしまう。体が弱かった私にとって、すぐに死んでしまう金魚は不安をもたらすものだった。ところが、土管の池の中にほうりこんだ金魚は何日かしても死なない。金魚が生きるには空気が必要だが、金魚玉の水には空気が溶けにくいことを知り、生まれてはじめて科学の世界をのぞいた。

読解マップ

意味段落Ⅰ「魚の飼育は〝金魚にはじまって金魚に終わる〟」（1～2）

魚の飼育はよく〝金魚にはじまって金魚に終わる〟などといわれる

筆者の主張

実際これほど飼い方のやさしい魚はいないし、一面これほど難しい魚もいない

エピソード

金魚屋で金魚を買うとたいていこれ（金魚玉）に入れてくれたものだが、この金魚玉なるものが実は私にとってたいへんいまわしい想い出となっている

意味段落Ⅱ「金魚玉の金魚に関わるいまわしい想い出」（3～6）

原因

小学生の頃、金魚が二、三匹入る金魚玉というものがあったが、金魚玉の金魚はすぐに死んでしまうのである

↓

筆者の心情

体が弱かった私にとって、すぐに死んでしまう金魚は不安をもたらすものだった

意味段落Ⅲ「金魚を科学する」（7～8）

池の中の金魚＝長生きしている

⇔ **対立関係**（**差異**）

金魚玉の中の金魚＝早死にする

↓

別な種類の金魚だと思う

金魚玉の金魚を、家人が土管の池に入れてしまう

↓

早死にするはずの金魚玉の金魚が、土管の池では生きていた

条件の変化

短命か長生きかは、金魚の「種類」ではなく、金魚がすむ「環境」によって決まる

土管の池は水に空気が溶けやすい→金魚が長生きする

⇔ **対立関係**（**差異**）

金魚玉は水に空気が溶けにくい→金魚が早死にする

問1　傍線部理由説明問題　難易度★

≫ルール43 解法

傍線部理由説明問題は「解答へのステップ」で解く！

傍線部理由説明問題の解答へのステップ

ステップ1　**傍線部を含む一文を分析する**

「主語（部）」や「指示語」を押さえ、「前提（条件）」と「帰結（結論）」を確かめます。

ステップ2　**解答の根拠をとらえる**

ステップ1で押さえた「前提（条件）」と「帰結（結論）」の間の「飛躍」を埋めるため、「前提」の詳しい説明を探します。

ステップ3　**解答を決定する**

ステップ2でとらえた根拠をもとに解答を決めます。

傍線部理由説明問題とは「なぜか」の問題です。傍線部を含む一文に「前提（条件）」と「帰結（結論）」の間に飛躍があるので、「前提」の説明をすることによって、その「飛躍」を埋めるのがポイントです。

たとえば、「現代文を解くのは、簡単だ」という文は「現代文を解く（前提）」と「簡単だ（帰結）」の間に飛躍があります。そこで、「現代文を解く（前提）」を「現代文は本文に書いてあることをそのまま答えるだけで、解くことができる」と詳しく説明することによって「飛躍」を埋めることができます。

ステップ1　**傍線部を含む一文を分析する**

ⓐ〈その作業は〉（主部）少年の、しかも病床にある私にとってかなりこたえた。

「その作業」と「かなりこたえた」の間に「飛躍」があります。また、「しかも」で「病床にある私にとって」という条件も付け加えられているので、その説明も求めましょう。

ステップ2　**解答の根拠をとらえる**

3　小学生の頃の私はたいへん体が弱く、長い病院生活も二度や三度ではなかった。そんな私に親戚《しんせき》の者や家の近所の人たちなどがよく金魚玉をおみやげに見舞いにきてくれたものだった。……

---

4 翌朝、かれらはきまって横倒しになって水面に浮いている。時にはもう何時間も前に息絶えたとみえて弓なりに反って固くなって浮いているものもあったが、たいていはまだえらを苦しそうに開いたり閉じたりしていた。……完全に動かなくなるまでにはさらに何分かあるいは何時間かが必要だ。ベッドの中にいる私は、そのかれらの最期のいちぶしじゅうを見届けるはめになる。

体が弱く入院している私にとっては「そのかれら（＝金魚）の最期のいちぶしじゅうを見届ける」のは、「かなりこたえた」のだとわかります。自分の境遇を金魚と重ねたのでしょう。

「その作業」
＝金魚玉の金魚の最期のいちぶしじゅうを見届ける
＋
「病床にある私」
＝「小学生の頃の私はたいへん体が弱く、長い病院生活も二度や三度ではなかった」
→「かなりこたえた」

ステップ3 解答を決定する

以上より、解答は④「入院が長引き、漠然と不安を感じている『私』にとって、目の前で死んでゆく金魚の姿を日々見せつけられることは、その不安に具体的な実感を与えるものとなったから」となります。「長い病院生活」「金魚の最期を見届ける」というポイントが入っている選択肢はこれです。

①は「何度も繰り返される交換作業の煩雑さ」が誤りです。「その作業」は「交換作業」ではなく「金魚の最期を見届けること」です。

②は「衰弱してゆく金魚を、裏庭の池に放せば長生きさせられることはわかっている」が誤りです。これはその後わかったことです。

③は「金魚を他の水槽に移してほしい」、⑤は「金魚を助けてあげてほしいと言い出せず」が誤りです。「私」はこのような願望は持っていません。

問2 傍線部内容説明問題 難易度★

≫ルール41→50ページ

ステップ1 傍線部を含む一文を分析する

（もちろん［譲歩］、子供のことだから大人のようにはっきりそう考えているのではないのだが、）(b)［比喩］（自分の心を笑いとばす）という操作のできない子供にとっては［主語］〈それは〉まさに、そして生まれてはじめての死との対決だったわけだ。

比喩表現と指示語が使われています。それぞれ説明を求めましょう。

ステップ2 解答の根拠をとらえる

4 ……ベッドの中にいる私は、そのかれらの最期のいちぶしじゅうを見届けるはめになる。……〈その作業は〉少年の、しかも病床にある私にとってかなりこたえた。そのくせ、私は看護婦にその死にかかっている金魚をどこか見えない所へ持っていってくれ、とたのむことだけはしたくなかった。死の幻影におびえているととられるのがいやだったのだ。……(b)自分の心を笑いとばすという操作のできない子供にとっては〈それは〉まさに、そして生まれてはじめての死との対決だったわけだ。

「自分の心」とは「死の幻影におびえている」というものです。それを笑いとばすのですから、「自分は何をおびえているんだ」と自分で自分を笑うことになります。

そのようなことができない子供だから、「金魚の最期を見届ける」のは「生まれてはじめての死との対決」だったのです。

「自分の心」＝「死の幻影におびえている」

「笑いとばす」＝おびえている自分に対して自分が笑う

ステップ3 解答を決定する

以上より、解答は①「自分の弱さをあえて自嘲することによって、自身の置かれた状況を他人事のように突き放し、心の平静を保とうとする気持ちの整理法」となります。自分で自分を笑うという内容になっているのはこれしかありません。

≫ルール53 解法 選択肢の検討では「文の構造」にも注意する！

→20ページ

今回は「自分で自分を笑う」ということなので、誰が何を対象として笑っているのかをチェックしてみましょう。

②は「人々を笑わせておく」が誤りです。「笑う」のは「自分」であり、「人々」ではありません。

③は「強がって無理に笑い話ばかり言っている」、④は「金魚の死という深刻な事態を、あえて不謹慎に笑ってみせる」が誤りです。「自分の心」を「笑う」のです。

⑤は「全然おかしくもないのに、無理に笑い続けている」が誤りです。何を対象として笑っているのかが説明されていません。

問3 傍線部内容説明問題 難易度★

≫ルール41→50ページ

ステップ1 傍線部を含む一文を分析する

夜ふけなどふと目をさますと、部屋全体が遠火事の火の色のようなぶきみな赤い光につつまれていて、(c)そのわけは知りながらも思わずその原因をたしかめたい衝動にかりたてられ、ふとんの端をおさえて、頭をもたげるのだった。

「私は」が省略された主語だとわかります。

「そのわけ」「その原因」には指示語が使われています。指示対象を求めましょう。

ステップ2 解答の根拠をとらえる

6 ……冬になると私の病室には電気ストーブが持ちこまれた。赤銅《あか》をたたいた丸い反射傘の中央に、ニクロム線を巻きつけた太い素焼の筒が突き出しているだけのそれは、その頃としてはかなりぜいたくなしろものだった。夜ふけなどふと目をさますと、部屋全体が遠火事の火の色のようなぶきみな赤い光につつまれていて、〈私は〉（省略された主語）(c)そのわけは知りながらも思わずその原因をたしかめたい衝動にかりたてられ、ふとんの端をおさえて、頭をもたげるのだった。すると部屋のすみに置かれた電気ストーブが目にとびこんでくる。その円い反射傘に、赤熱したニクロム線が異様にひきゆがめられた形で映っているのだった。

「そのわけ」＝「部屋全体が遠火事の火の色のようなぶきみな赤い光につつまれて」いる理由

「その原因」＝電気ストーブ

ここでは、選択肢を一つずつ確認していきましょう。

①は「病弱な自分のために電気ストーブが部屋に置かれたという理由」が誤りです。「そのわけ」は「部屋全体が遠火事の火の色のようなぶきみな赤い光につつまれている理由」です。

②は「部屋が不気味に赤く光るのは電気ストーブの光が反射しているからだということはわかっているのだが、それでもストーブが現実にそこにあるかどうか確認せずにはいられない」は本文から読み取れます。「不安な気持ちが高まってくる」も52行目の「私の心をたまらなく陰惨にうちのめした」につながるような心情ですが、本文から確実に読み取れないので、一旦保留にしておきましょう。

③は「なぜ電気ストーブの火が不気味な暗赤色をしているのか、その真の原因を知りたい」、④は「なぜこの病室に電気ストーブが置かれるようになったのか、その根本原因を探ってみたい」、⑤は「なぜ遠火事のような不気味な色になるのかは理由がわからず」「ニクロム線のゆがみに原因があるのではないか」が誤りです。部屋が赤く見える原因は電気ストーブであることを知りながら「その原因（＝電気ストーブ）をたしかめたい」という本文の内容と一致しません。

①・③・④・⑤が確実に誤りだと判断できたので、②が正解だと判断できます。

問4 傍線部内容説明問題 難易度★

≫ルール41→50ページ

ステップ1 傍線部を含む一文を分析する

ⓓ 〈私は〉（主語） その あわれな金魚の運命を思って胸がふさがった。

指示語と慣用句が使われています。「胸がふさがる」とは「心配で胸が苦しくなること」です。それぞれ本文に解答の根拠を求めましょう。

ステップ2 解答の根拠をとらえる

7 私の家の裏庭の片すみに小さな池があった。それは輪切りにした大きな土管を埋めただけの池ともいえないようなもので、何年もとりかえたこともない水はアオミドロでえのぐを溶かしたように緑色になっていた。……ところがある日、またまたおみやげの金魚玉が舞いこんだ。家人はその金魚を裏庭の土管の池の中にほうりこんでしまった。

ⓓ 〈私は〉その あわれな金魚の運命を思って胸がふさがっ

た。あのひよわな生きものが、汚れきった土管の池の水に耐えられるわけがない。かれは明日は小さな落葉のようになって水に浮いているにちがいないのだ。

指示語と慣用句の内容を「心情」のフレーム（→113ページ）に当てはめて整理することができます。

原因「**そのあわれな金魚**」
＝「**裏庭の土管の池の中にほうりこまれた金魚玉の金魚**」
＝「**あのひよわな生きものが、汚れきった土管の池の水に耐えられるわけがない**」

↓

心情「**胸がふさがった**」
＝「**あわれ（かわいそう）**」**だと思った**

「かれは明日は小さな落葉のようになって水に浮いているにちがいない」というのは、明日には死んでしまうと考えているということです。

ステップ3 **解答を決定する**

以上より、解答は③「ただでさえ死にやすい金魚玉の弱い金魚を、よりによって掃除もしたことがないような土管の池になど放したら、とても生きてはいられないだろうと思い、悲しくつらい気持ちになったということ」となります。

①は「そのような行為をする家族たちの心の冷酷さに対し、ひどく腹が立った」、④は「もはや何をしたところで宿命を変えられないというさみしい気持ち」が「あわれ」という心情とは異なるので、誤りです。

②は「他の金魚たちは金魚玉や金魚鉢の中で生きているのに」が誤りです。「金魚玉や金魚鉢」の金魚はすぐに死んでしまいます。

⑤は「池に放すなどということは完全に無意味な行為であり」が「そのあわれな金魚」の説明として誤りです。

問5 傍線部内容説明問題 難易度★

≫ルール41→50ページ

ステップ1 **傍線部を含む一文を分析する**

同時に (e)〈それは〉(主語) また私が生まれてはじめてのぞいた科学の世界だった。

主語「それは」が指示を含んでいるので、指示対象を求めましょう。

≫ルール52 解法 「指示語」は必ず「指示対象」を確認する！
→33ページ

ステップ2 解答の根拠をとらえる

7 ……もし同じ種類だとするならば、金魚玉や朝顔の金魚鉢の中ではどうしてあのように短命なのだろうか？ ある日、私は隣家の農家の兄《あん》ちゃんのところへ出かけていった。……かれは即座に金魚玉は小さいし口もせまいから水に空気が溶けにくいのだと言った。

私にはそれが何のことなのかよく理解できなかったが、それが私が水や空気などの性質についてほんのわずかでも知るを得た最初の機会だったと思う。同時に(e)〈それは〉また私が生まれてはじめてのぞいた科学の世界だった。

「それ」は傍線部の前にも二つ登場していますが、全て指示対象は同じなので、指示語をさかのぼると「金魚玉は小さいし口もせまいから水に空気が溶けにくいのだ」という部分にたどり着きます。これは波線で示した疑問文の答えにあたります。

疑問文 「もし同じ種類だとするならば、金魚玉や朝顔の金魚鉢の中ではどうしてあのように短命なのだろうか？」

↓

答え 「金魚玉は小さいし口もせまいから水に空気が溶けにくいのだ」

ステップ3 解答を決定する

以上より、解答は⑤「同じ金魚なのに、金魚玉や金魚鉢では死にやすく、土管の池では長生きできるというのは、水に含まれる酸素量の違いであるということを示唆され、科学的なものの考え方を初めて身近なものとして感じ取ったということ」となります。

①は「金魚玉の小さな金魚と、池にいる大きな金魚とでは、

もともと生物としての種類が違う」、②は「金魚玉の小さな金魚と、池にいる大きな金魚とでは生物の種類が違う」が誤りです。「もし同じ種類だとするならば」という前提がありました。

③は「そこに科学的な精神が貫かれているということに気づかされた」や「兄ちゃんに対してますます尊敬の念をいだいた」という部分が本文からは読み取れない、やや言い過ぎた表現であるため、誤りです。

④は「金魚玉の大きさや材質に基づいて必要な空気の量をたちまち計算した隣家の兄ちゃん」が誤りです。「計算」はしていません。

問6 傍線部理由説明問題 難易度★★ ≫ルール43→154ページ

ステップ1 傍線部を含む一文を分析する

実はこの私の思いつきが間違っていなかったことを後年発見して(Y)ひとりはなはだ満足だった。

「私は」が省略された主語だとわかります。

「私」と「満足」の間に「飛躍」があるので、「私」がどうしたのかを求めましょう。

ステップ2 解答の根拠をとらえる

8 **水に溶けるという以上は空気も砂糖も同じことだろうと思った私は、金魚鉢の中の水をわりばしでかき回すことを思いついた。**私は何日かの間、一、二時間ずつその単調な作業をこころみた。しかしそんなことでは問題の解決にはならなかった。私はとうとう思いつきを放棄するしかなかった。〈実はこの私の思いつきが間違っていなかったことを後年発見して〈私は〉(省略された主語)(Y)ひとりはなはだ満足だった。ウナギの養殖場などではモーターで水車を回し、水面を波立てて空気中の酸素を強制的に水に溶かしているのだ〉

波線部の前の部分をもとに「私」と「満足」の飛躍を埋めると次のようになります。

「私」

＝**「水に溶けるという以上は空気も砂糖も同じことだろうと思った私は、金魚鉢の中の水をわりばしでかき回すことを思いついた」**

←「この私の思いつきが間違っていなかったことを後年発見」

←「満足」

ステップ3 解答を決定する

以上より、解答は②「水をかき回すことで空気を水に溶かすことができるという考え方そのものは、正しかったから」となります。

〈その他の選択肢〉

① 空気も砂糖も同じだという考えは理解されなかったが、実は間違っていないことがわかったから
「理解」されたかどうかは書かれていない

③ わりばしを使ったからうまくいかなかっただけで、モーターさえあればうまくいったはずだから
うまくいかなかった理由は「何日かの間、一、二時間ずつ」しか作業できなかったから

④ 自分が子供のころに発明したやり方が、その後ウナギの養殖にも応用されるようになったから
「私」の発明が「ウナギの養殖」に使われたわけではない

⑤ 単調な作業なのですぐにあきらめたが、あきらめずに続けていればうまくいったと知ったから
「思いつきが間違っていなかった」ことを発見した、が正しい

問7 傍線部理由説明問題 難易度★★ ≫ルール43↓154ページ

ステップ1 傍線部を含む一文を分析する

主語

Ⓩ〈これは〉完全に失敗した。

「これ」と「失敗」に「飛躍」があるので、指示語「これ」の指示対象を明らかにするとともに、飛躍を埋める説明を求めましょう。

ステップ2 解答の根拠をとらえる

8 ……そのつぎにこころみたのはストローで水中に空気を吹きこむことだった。Ⓩ〈これは〉完全に失敗した。自分の吐く息を金魚鉢の水の中に吹きこんでいたのだ！

波線部の前後をもとに「これ」と「失敗」の飛躍を埋めると次のようになります。

「これ」

＝ストローで水中に空気（自分の吐く息）を吹きこむこと

←

（自分の吐く息は二酸化炭素が増えている）

←

金魚は死んでしまう

←

「失敗」

「自分の吐く息」は「酸素」が減り、「二酸化炭素」が増えていますから、金魚を生かすために送り込むのは適切とはいえません。そのため、失敗したのです。そのことは本文に書かれていませんが、「常識」から補って考えます。

≫ルール63 解法 発展 「飛躍」は「常識」から補うことがある！

「飛躍」を埋めるためには、本文に書いてあることだけでなく、「常識」から補うことが必要になる場合もあります。本文の内容だけでは「飛躍」を埋められない場合は、「常識」から補えないか考えてみましょう。

ステップ3 解答を決定する

以上より、解答は③「金魚に必要なのは酸素であるのに、ひたすら二酸化炭素を送り込んでいたから」となります。

〈その他の選択肢〉

① 自分ひとりがストローで送り込める空気の量は限られており、限界に達したから
「量」の問題ではない

② 息を吹き込んだくらいでは、多くの金魚に必要な空気の量には足りなかったから
金魚の数は関係ない

④ 自分の吐いた息では、なかなか水には溶けず、金魚には届けられなかったから
本文にない説明

⑤ 自分が吐く息をただ吹き込むばかりで、空気を吸いこむことが不足していたから
本文にない説明

Lesson 10

解答・解説

▼問題 別冊 103ページ

このレッスンで出てくるルール

ルール20 読解 「エピソード」は「筆者の心情」とセットでとらえる！
ルール7 読解 本文の矛盾は「逆説」を疑う！
ルール31 読解 「心情」をとりまく原因や結果を押さえる！
ルール13 読解 「ある事柄」が成立するための「条件」に注目する！ ⇒問3
ルール4 読解 「対立関係」を整理して「主張」や「重要な情報」をとらえる！ ⇒問4

解答

問1 ②　問2 ⑤　問3 ③　問4 ②　問5 ⑤

出典：小池昌代《こいけまさよ》『黒雲の下で卵をあたためる』

意味段落Ⅰ 「洋服を買うという行為はとても奇妙なものだ」

1 ルール20 エピソード
（このあいだ、久しぶりに洋服を買いに行った。この冬のあいだじゅう、わたしのパターンは三つくらいしかなくて、黒いセーターにジーパン、茶色のフリースにジーパン、赤いセーターにジーパン。いや気がつけば、この冬だけのことではなくて、わたしはここ数年、自分のために買い物らしい買い物をしていない。洋服に関していえば、そもそも自分に似合うものがわからなくなっている。わからないというよりも、そんなものがこの世にあるのか、という感じだ。

2 わたしのこういう何かを放棄した姿に、家族から一斉に非難の声があがった。ちょっとそれ、どうにかしたら？　もうちょっとかまったらどうなの？　母親が汚いと子供がいじめられるのよ。こういう暴力の声に押し出されるように、わたしは意志に反して、しかし自分を押し通すだけの力も持たず、騒がしい街中へ押し出されたわけだった。）

3 心情
【洋服を買うという行為は、わたしにとって、とても分裂した、とても奇妙なものだ。】よし、服を買うぞ、と思って買いに行くとき、決まってほしいような服には出会えな

ルール20 読解
「エピソード」は「筆者の心情」とセットでとらえる！

→147ページ

エピソード
「洋服を買いに行った」

←

筆者の心情
「洋服を買うという行為は、わたしにとって、とても分裂した、とても奇妙なものだ」

い。わたしは自分が好きな服をよく知っているような気がする。そして絶対似合わない服、嫌いな服も、充分知っているつもりだ。しかしわたしは、自分にぴったりな服、似合う服を、いつも見つけることができない。街には服を売る店がたくさんあって、モノがあふれるように売られている。どんなものも、ないものはない、どんなひとの需要にも、こたえられないものはないように見える。こんなにすべてのものがぎっしり過不足なくそろっているのに、しかし、自分に似合うものがなにひとつ見つからない。

4 こういうA過剰のなかの飢餓感のようなものを、わたしは時々、ほかの場面でも感じることがある。たくさんあるのに、わたしのためのひとつが欠けている。いや、そんなものは最初からないのかもしれない。

5 そもそも売られている商品は、どれも街中で、すでに誰かが着ているようなものであった。それらしき服を、わたしは何度も見たことがあった。服を買うとは、誰かになる、誰かの真似をするということなのだろうか。流行とは、誰かに似たひとになりたいという、欲望がつくるうねりのことなのだろうか。

ルール7 逆説

6 【わたしのためのひとつを探しながら、わたしは、同時にとても矛盾すること――わたしであってわたしでない、誰かに似たひとに限りなく近づこうとする。】そうして自分がその誰かになったとき、うまく誰かになりおおせたとき、わたしは自分がうまく

≫ルール7 読解 本文の矛盾は「逆説」を疑う！

→99ページ

「A と同時に B」は**「逆説」のフレーム**に当てはまります。

A：わたしのためのひとつを探しながら、(わたしは、)同時に

B：わたしであってわたしでない、誰かに似たひとに限りなく近づこうとする

モードに乗ったように思い、その服を買い、その服を着て町を歩く。そのときわたしもまた他者にとっては、誰かに似た誰かのひとりとなる。

7 服を買うとき、わたしは見えない誰かに脅されているように感じてしまう。誰かになれ、と命令されているように感じる。

意味段落Ⅱ「わたしは実は自分を知らないのではないか」

8 そして同時に、わたしはもう一つの疑念につきあたる。わたしは、服を着て歩いているわたし自身を、一度も外側から見ることができないために、自分について限りなく思い違いをしているのではないか。わたしは常にずれた皮膜を、わたし自身に被《かぶ》せているのではないか。わたしは自分を、実は少しも知らないのではないか……。

9 時々、着る服を、ひとに選んでもらう。

10 そのなかに、どうしても違和感が残り続ける服がある。しかし B 他人がわたしに持つイメージを眺めるのは面白い。自己イメージとのかすかな落差が、着るたびに、身体にきしみのようなものを入れる。おしゃれは単に皮膜の問題のはずだったのに、服から微妙に「漏れる」ものがあって、それが身体や心のほうに浸透していく場合がある。

ルール20 エピソード

11 その日、わたしは通りすがりの一軒に入った。なんとしても今日はここで、何かを買うのだ。モノはたくさんあったし、バーゲンで何もかもが半額になっている。さあ、買え、さあ、買え。どこからか、声がした。

12 わたしは買った。一枚のキュロットスカートとジャケットを。しかしそれらは、どうしてもわたしがほしいものではなかった。それでなければならないようなものではなかった。しかしそれなりに見えるものであった。】

13 それほど高価なものではないにもかかわらず、それを買ったとき、C わたしはふわっと自分を見失ったような気がした。（ルール31 心情）【あの、自分を見失う感じは、ほとんど快感に近いものがある。ああいうとき、わたしは本当に自分をなくしているのかもしれない。】

意味段落Ⅲ 「わたしはおしゃれをしないが、他のひとがおしゃれをしているのを見るのが好きだ」

14 なぜ、（ルール31 心情）【ものを買うことに罪悪感がある】のだろう。そういう育ちかたをしたのだろうか。（原因）【日本の高度成長期に育ったわたしだが、一方で家のなかはいつも質素な生活だった。】わたしは自分のものを、いかに高価なものであるかを競うように［ X ］心理がよくわからない。（根拠）【なぜならわたしは、いつも自分のもちものを、できる限り安く言うくせがあるから。謙遜ではなく、そうしなければ罪が消えないとでもいうような脅迫めいたものだ。】

≫ ルール31 読解 「心情」をとりまく原因や結果を押さえる！

→113ページ

原因（エピソード）
誰かに言われるまま、自分がほしいものではない服を買った

↓

心情
自分を見失う感じがして、それはほとんど快感に近いものがある

原因
日本の高度成長期に育ったが、一方で家のなかはいつも質素な生活だった

↓

心情
ものを買うことへの罪悪感

↓

結果
おしゃれをしない

15 このところ、わたしの定番のかっこうは、黒いセーターと黒いズボンだ。本当はこれだけで充分という気がしてくる。でも、この姿はまるで犯罪者だ。見られることを拒否していて、こちらが見るだけのスパイ的装い。一方的に世界をのぞきみしている。どこか、ずるいぞって感じがする。

16 引用【「お洒落《しゃれ》をしないのは、泥棒よりひどい」

17 そう言ったのは、宇野千代である。】

18 心情【自分で放棄はしているものの、男でも女でも、おしゃれをしているひとを見るのがわたしは好きだ。】おしゃれは［ Y ］である。春が来た。さあ、あたらしい服を着て、街へ行こう。

心情
自分で放棄はしているが、おしゃれをしているひとを見るのが好き

本文要約

洋服を買うという行為はとても奇妙なものだ。その行為は自分のための服を探しながら、誰かに似たひとに限りなく近づこうとするものだ。また、自分は自分のことを知らないのではないかと思い、時々着る服を他人に選んでもらうことがある。自分がほしいものではない服を買ったとき、自分を見失ったような快感を感じた。わたしは質素に育ったために、ものを買うことに罪悪感がある。私はおしゃれをしないが、おしゃれをしているひとを見るのが好きだ。

読解マップ

意味段落Ⅰ　「洋服を買うという行為はとても奇妙なものだ」（1〜7）

エピソード　「洋服を買いに行った」

↓

筆者の心情　洋服を買うという行為は、わたしにとって、とても分裂した、とても奇妙なものだ

＝

わたしのためのひとつを探しながら、わたしは、同時にとても矛盾すること——わたしであってわたしでない、誰かに似たひとに限りなく近づこうとする

意味段落Ⅱ　「わたしは実は自分を知らないのではないか」（8〜13）

わたしは、服を着て歩いているわたし自身を、一度も外側から見ることができないために、自分について限りなく思い違いをしているのではないか

＝

わたしは自分を、実は少しも知らないのではないか

原因（エピソード）　誰かに言われるまま、自分がほしいものではない服を買った

↓

心情　自分を見失う感じがして、それはほとんど快感に近いものがある

意味段落Ⅲ　「わたしはおしゃれをしないが、他のひとがおしゃれをしているのを見るのが好きだ」（14〜18）

原因　日本の高度成長期に育ったが、一方で家のなかはいつも質素な生活だった

↓

心情　ものを買うことへの罪悪感

↓

結果　おしゃれをしない

心情　自分で放棄はしているが、おしゃれをしているひとを見るのが好き

設問解説

問1 傍線部内容説明問題 難易度★

≫ルール41→50ページ

ステップ1 傍線部を含む一文を分析する

こういう（A 比喩 過剰のなかの飢餓感のようなもの）を、〈主語 わたしは〉時々、ほかの場面でも感じることがある。

「まとめ」の指示語が使われているので「過剰のなかの飢餓感のようなもの」という比喩表現の説明を前に求めましょう。

ステップ2 解答の根拠をとらえる

3 ……しかしわたしは、自分にぴったりな服、似合う服を、いつも見つけることができない。街には服を売る店がたくさんあって、モノがあふれるように売られている。どんなものも、ないものはない、どんなひとの需要にも、こたえられないものはないように見える。こんなにすべてのものがぎっしり過不足なくそろっているのに、しかし、自分に似合うものがなにひとつ見つからない。

4 こういうA過剰のなかの飢餓感のようなものを、……

「過剰」＝「街には服を売る店がたくさんあって、モノがあふれるように売られている」

「飢餓感」＝「自分に似合うものがなにひとつ見つからない」

ステップ3 解答を決定する

以上より、解答は②「街にはあふれんばかりにたくさんの服が売られているのに、その中に自分の欲している服を見つけることができないということ。」となります。

①は「自分に似合う服を知っているように思っていた」、④は「街の中で売られている服はすでに誰かが着ているもの」が「過剰」の説明ではないため、誤りです。

③は「過剰」の説明がされておらず、「選択に迷ってしまう」も「飢餓」の説明として不適切なため、誤りです。

⑤は「店」が「過剰」と「飢餓感」の説明として誤りです。

問2 傍線部理由説明問題 難易度★

≫ルール43→154ページ

ステップ1 傍線部を含む一文を分析する

しかし B〈主部 他人がわたしに持つイメージを眺めるのは〉面白い。

主部と「面白い」という述語との間に「飛躍」があるので、「他人がわたしに持つイメージを眺める」の説明を求めましょう。

ステップ2　解答の根拠をとらえる

9 時々、着る服を、ひとに選んでもらう。

10 そのなかに、どうしても違和感が残り続ける服がある。

しかし B〈他人がわたしに持つイメージを眺めるのは〉面白い。自己イメージとのかすかな落差が、着るたびに、身体にきしみのようなものを入れる。

傍線部の前の部分をもとに、飛躍を埋めると次のようになります。

「他人がわたしに持つイメージを眺める」

＝他人に選んでもらった服への違和感から、他人がわたしに持つイメージと自己イメージの落差を感じる

←

「他人がわたしに持つイメージ」を通して、自分を知ることができる

←

「面白い」

ステップ3　解答を決定する

以上より、解答は⑤「他者が自分のことをどのように思っているかを垣《かい》間見ることができるから。」となります。

「自分を知ることができる」という内容はこれしかありません。

〈その他の選択肢〉

① 服とは単なる表層だけに関わるものであることを確認することができるから。

「自分を知ることができる」に反する

② 身の丈に合った服とはどのようなものであるかを現前化することができるから。

「身の丈」に関する説明はない

③ 自分のセンスがいかに流行から遅れているかを思い知ることができるから。

「センス」「流行」に関する説明はない

④ 自分と他者とのあいだに一脈相通ずるものが存在して

「相通ずるもの」ではなく「違和感」が存在している

いることがわかるから。

問3 傍線部理由説明問題 難易度★

≫ルール43→154ページ

ステップ1 傍線部を含む一文を分析する

それほど高価なものではないにもかかわらず、それを買ったとき、C〈わたしは〉（主語）ふわっと自分を見失ったような気がした。

「それを買ったとき」という部分と「わたしはふわっと自分を見失ったような気がした」という部分に「飛躍」があります。「それを買ったとき」の説明を求めましょう。

ステップ2 解答の根拠をとらえる

12 わたしは買った。一枚のキュロットスカートとジャケットを。しかしそれらは、どうしてもわたしがほしいものではなかった。それでなければならないようなものではなかった。しかしそれなりに見えるものであった。

「それ」（買ったもの）は「一枚のキュロットスカートとジャケット」、つまり服であることがわかります。服を買うことが「条件」として書かれている意味段落Ⅰに注目しましょう。

≫ルール13 読解 「ある事柄」が成立するための「条件」に注目する！

→34ページ

6 わたしのためのひとつを探しながら、わたしは、同時にとても矛盾すること——わたしであってわたしでない、誰かに似たひとに限りなく近づこうとする。そうして自分がその誰かになったとき、うまく誰かになりおおせたとき、わたしは自分がうまくモードに乗ったように思い、その服を買い、その服を着て町を歩く。そのときわたしもまた他者にとっては、誰かに似た誰かのひとりとなる。

7 服を買うとき、わたしは見えない誰かに脅されているように感じてしまう。誰かになれ、と命令されているように感じる。

「Bのとき、Aだ。」という**「条件法」のフレーム**（→34ページ）に従うと、次のように整理できます。

意味段落Ⅰ
B：服を買うとき
A：「誰かになれ、と命令されているように感じる」
「誰かに似た誰かのひとりとなる」

傍線部を含む一文
B：キュロットスカートとジャケットを買ったとき
A：「ふわっと自分を見失ったような気がした」

傍線部を含む一文の**A**部分について「なぜか」と問われているので、同じ対応関係である意味段落Ⅰの**A**の内容を示している選択肢が正解となります。

ステップ3　解答を決定する

以上より、解答は③「それなりのものを着て、自分が誰かに似た誰かのひとりになったように思ったから。」となります。
①は「誰にも似ていない誰か」、②は「自分によく似ている誰か」、④は「誰でもあり誰でもないひと」、⑤は「今の自分とは違う自分」が、それぞれ「誰かに似た誰か」に合わないため誤りです。

問4　空所補充問題　難易度★　≫ルール44→14ページ

ステップ1　空所を含む一文を分析する

〈わたしは〉（主語）自分のものを、いかに高価なものであるかを競うように［ X ］心理が［よくわからない］。

「自分のものを、いかに高価なものであるかを競うように」が空所を詳しく説明しています。

ステップ2　解答の根拠をとらえる

14 ……（［なぜなら］（根拠）〈わたしは〉、いつも自分のもちものを、できる限り安く言うくせがある［から］。謙遜ではなく、そうしなければ罪が消えないとでもいうような脅迫めいたものだ。）

「自分のものを、いかに高価なものであるかを競うように」

に続く空欄の心理について、「わたし」は「よくわからない」と述べており、その理由が「なぜなら」以降に続くので、空欄の心理と「なぜなら」以降が「対立関係」になっていると読み取れます。

> **≫ルール4** 読解
> **「対立関係」を整理して「主張」や「重要な情報」をとらえる！**
> →10ページ

「自分のものを、いかに高価なものであるかを競うように［　X　］心理」

⇔ 対立関係

「いつも自分のもちものを、できる限り安く言うくせ」

ステップ3 解答を決定する

以上より、解答は②「見せびらかす」となります。「自分のもちものを、できる限り安く言う」の反対は「見せびらかす」です。

①「見比べる」、③「見定める」、⑤「見きわめる」は「自分のもちものを、できる限り安く言う」の反対ではないので誤りです。

④「見せかける」は注意が必要ですが、空所に当てはめたときに「いかに高価なものであるかを……見せかける」という文の構造は不自然なので誤りです。

問5 空所補充問題 難易度★★

≫ルール44→14ページ

ステップ1 空所を含む一文を分析する

主語
〈おしゃれは〉［　Y　］である。

筆者がおしゃれに関してどのように考えているのかをとらえましょう。

ステップ2 解答の根拠をとらえる

18 自分で放棄はしているものの、男でも女でも、おしゃれをしているひとを見るのがわたしは好きだ。〈おしゃれは〉［　Y　］である。春が来た。さあ、あたらしい服を着て、街へ行こう。

前の文を見ると「おしゃれ」に対してプラスの見方をしているとわかります。後ろを見ると「春が来た。さあ、あたらしい服を着て、街へ行こう」というように前向きになり、さらに活動的になっているのがわかります。この部分を根拠にして、解答を選びましょう。


「おしゃれ」

「おしゃれをしているひとを見るのが好き」

←

「春が来た。さあ、あたらしい服を着て、街へ行こう。」

=前向きになり、活動的になっている

ステップ3 解答を決定する

以上より、解答は⑤「ひとの生命を活性化させる『酸素』のようなもの」となります。「前向き」「活動的」になっているのはこの選択肢です。

①「効率化」には「前向き」になるという意味はないので誤りです。

②「ひとの欲望を顕在化させる『貨幣』」、③「生活を観念化」には「活動的」になるという意味はないので誤りです。

④「ひとの身体を理想化させる」は注意が必要です。「おしゃれ」をこのようにとらえている人もいると思いますが、筆者はそのようには説明していないので、誤りです。